Ser feministas

Pensamiento y acción

Alicia H. Puleo (ed.)

Ser feministas
Pensamiento y acción

EDICIONES CÁTEDRA
UNIVERSITAT DE VALÈNCIA

Feminismos

Consejo asesor:

Paloma Alcalá: Profesora de enseñanza media
Ester Barberá: Universitat de València
Cecilia Castaño: Universidad Complutense de Madrid
M.ª Ángeles Durán: CSIC
Ana de Miguel: Universidad Rey Juan Carlos
Alicia Miyares: Profesora de enseñanza media
Isabel Morant Deusa: Universitat de València
Mary Nash: Universitat de Barcelona
Verónica Perales: Universidad de Murcia
Concha Roldán: CSIC
Verena Stolcke: Universitat Autònoma de Barcelona
Amelia Valcárcel: UNED

Dirección y coordinación: Alicia Puleo, Universidad de Valladolid

1.ª edición, 2020

Ilustraciones de cubierta e interior: Verónica Perales

Reservados todos los derechos. El contenido de esta obra está protegido
por la Ley, que establece penas de prisión y/o multas, además de las
correspondientes indemnizaciones por daños y perjuicios, para
quienes reprodujeren, plagiaren, distribuyeren o comunicaren
públicamente, en todo o en parte, una obra literaria, artística
o científica, o su transformación, interpretación o ejecución
artística fijada en cualquier tipo de soporte o comunicada
a través de cualquier medio, sin la preceptiva autorización.

© De las autoras, 2020
© De las ilustraciones: Verónica Perales, 2020
© Ediciones Cátedra (Grupo Anaya, S. A.), 2020
Juan Ignacio Luca de Tena, 15. 28027 Madrid
Depósito legal: M. 24.152-2020
I.S.B.N.: 978-84-376-4193-5
I.S.B.N.: 978-84-9134-630-2
Printed in Spain

A Celia Amorós que, con la fuerza de su pensamiento intempestivo, marcó un sólido rumbo ético-político para el feminismo. Con afecto y admiración

Prólogo

Alicia H. Puleo

El feminismo es teoría y movimiento que se comunican y se refuerzan mutuamente en una espiral dinámica y emancipatoria. ¿Cuántas veces hemos coreado en las manifestaciones lemas tales como «no es un caso aislado, es el patriarcado»? ¿En cuántas ocasiones algunos fragmentos de libros famosos como «no se nace mujer, se llega a serlo» o ciertas frases convertidas en auténticos manifiestos feministas como «lo personal es político» o «ni la tierra ni las mujeres somos territorios de conquista» nos han ayudado a comprendernos, a entender las situaciones de otras mujeres y a interpretar nuestras vidas en clave social y solidaria? La energía de las voces de miles de mujeres de diferentes edades, orígenes y épocas nos une y enorgullece y, lo que es aún más importante, nos llama a proseguir nuestro camino emancipatorio.

Este libro ha sido escrito a partir de lemas y frases destacadas del feminismo. Cada lema o frase abre un espacio de reflexión sobre las ideas clave que encierra. Se trata de una obra concebida para festejar el 30 aniversario de la Colección Feminismos. Su andadura comenzó en 1990 por un convenio firmado por tres instituciones —la editorial Cátedra, la Universitat de València y con la colaboración del Instituto de la Mujer hasta 2012— que comprendieron la enorme relevancia de un nuevo conocimiento feminista que se estaba produciendo a nivel internacional. La impulsora y primera directora de esta Colección fue la historiadora Isabel Morant Deusa, que ocupó este cargo hasta 2014, año en el que me propuso asumir el relevo. En estas tres décadas, la Colección

Feminismos ha dado pruebas de seriedad y compromiso. Su creación y su trayectoria hasta el presente constituyen una aportación fundamental a los estudios feministas en el ámbito hispanohablante.

A través de un intenso trabajo de especialistas (directora de la Colección, Consejo Asesor y editor), se han seleccionado y publicado más de 140 obras desde 1990 hasta el presente. Los títulos publicados pertenecen a diferentes áreas de conocimiento: Teoría Feminista, Filosofía, Psicología, Sociología, Arte, Crítica Literaria, Derecho, Política, Lingüística, Economía, Cine, Comunicación, Ciencia, Educación, Historia Cultural y Medicina. Se han elegido textos de nivel académico, indispensables para el estudio y la investigación universitaria, y también, en la medida de lo posible, con un lenguaje claro como para ser leídos por personas no especialistas en la disciplina tratada.

Uno de los objetivos que guiaron la creación de esta Colección fue poner a disposición del público un corpus de teoría feminista clásica y contemporánea. Entre algunas de estas obras, corresponde destacar la edición de auténticos clásicos como *El segundo sexo,* de Simone de Beauvoir; *Ensayos sobre la igualdad sexual,* de John Stuart Mill y Harriet Taylor; *La mística de la feminidad,* de Betty Friedan; *Política sexual,* de Kate Millett; y de libros de figuras pioneras de la ética y el feminismo en España como *La gran diferencia y sus pequeñas consecuencias... para las luchas de las mujeres,* de Celia Amorós; *Feminismo en el mundo global,* de Amelia Valcárcel, o *El siglo de las mujeres,* de Victoria Camps.

La Colección ha ayudado a construir genealogía del pensamiento feminista, rescatando autoras y autores del pasado que permiten comprender mejor nuestra historia. Así, se ha publicado *La educación de las damas,* del cartesiano Poulain de la Barre; *Feminismo,* del krausista Adolfo Posada; *La mujer española y otros escritos,* de Emilia Pardo Bazán, o la *Antología del pensamiento feminista español (1726-2011),* coordinada por las profesoras de la Universidad de Los Ángeles (UCLA) Roberta Johnson y Maite Zubiaurre.

Asimismo, se ha buscado enriquecer la comprensión de los problemas de las sociedades de nuestro tiempo con argumentaciones elaboradas a partir de investigaciones exhaustivas y teorizaciones de vanguardia. La violencia de género, las políticas de igualdad, el ecofeminismo, las formas de dominación sobre las mujeres en el neoliberalismo y en el neocolonialismo, los vientres de alquiler, la prostitución, el impacto de la contaminación en la salud de las mujeres… son algunos de los temas objeto de intensos debates que han sido abordados en diversos títulos de la Colección.

Con su calidad intelectual, su compromiso social y sus ediciones cuidadas, Feminismos ha sabido responder a una necesidad real de formación, conocimiento y reflexión de nuestro tiempo. Su impacto ha ido más allá de los círculos intelectuales y universitarios, colaborando en los pasos que se han dado hacia una educación no sexista y una sociedad más igualitaria entre mujeres y hombres.

No querría concluir estas breves líneas sin hacer constar mi agradecimiento a las coautoras y coautores de este libro-aniversario que han aportado su saber y su capacidad de decir mucho en pocas líneas; también al editor, Raúl García, que ha trabajado conmigo durante meses con su ya conocida y notable profesionalidad y dedicación, y a Josune García, directora editorial de Cátedra que ha brindado su apoyo a este proyecto. Y, como siempre, por supuesto, todo mi reconocimiento a la Universitat de València, que, a través del Servei de Publicacions, mantiene su compromiso con la Colección Feminismos año tras año. Desearía igualmente añadir una mención particular a la artista hipermedia Verónica Perales por las inspiradas imágenes que ha elaborado para cada uno de los conceptos de esta obra.

Ser feministas implica pensamiento y acción. ¡Que el enlace de lemas, citas, nociones y argumentos que aquí presentamos en este aniversario tan especial sea un símbolo y un mensaje de la necesaria unión de teoría y praxis para el camino feminista que nos queda por recorrer!

Sobre las imágenes

Verónica Perales

Ilustrar este libro ha sido todo un reto y una tarea apasionante. La amplia variedad de temas y la complejidad implícita en cada uno de ellos nos llevó a elegir una metáfora visual que funcionase como vehículo: el cabello o el vello corporal. Todos los dibujos tienen ese punto o eje en común.

La importancia del cabello y del cuidado del vello corporal y facial a lo largo de la historia es incuestionable. También lo es el vínculo, constante, entre su disposición y la manifestación de una identidad concreta. Podríamos decir que el pelo, en sus diversas localizaciones corporales y faciales, ha sido utilizado como medio de expresión —y en ocasiones marcador— de determinados posicionamientos sociales, culturales y políticos. Las trenzas en cabezas rasuradas del pueblo azteca, los poderes atribuidos al largo del cabello por sociedades indígenas, las pelucas codificadas del siglo XVIII, las decoraciones en las cabelleras de las mujeres victorianas, las crestas coloreadas del movimiento punk, las tonsuras, los mechones de pelo empleados en la santería, los diferentes códigos sociales de barba y bigote (cambiantes a lo largo de la historia), las cejas «malvadas» perfiladas en las películas de cine mudo, las cejas entrecortadas de las y los raperos de los 90... son solo algunos ejemplos de un vasto repertorio de significados asociados a un determinado modelado del cabello o del vello. Sin mencionar que, más allá de la existencia y la abundancia, la ausencia también aparece cargada de connotaciones: las cabezas rasuradas de ciertos grupos extremistas, la de las mujeres en los rituales judíos ortodoxos, el velo, el rapado de cabezas —en forma de castigo y humillación— en período de guerras, el rasurado de algunas artistas de *performance* a lo largo del siglo xx... El cabello y el vello, significan.

Desde el análisis feminista descubrimos con demasiada frecuencia, a lo largo de la historia, el cabello femenino como elemento indicativo de dinámicas de objetualización. Determinados peinados, construidos con ostentosas y poco funcionales partes añadidas, configuran a las mujeres como objetos de belleza pasivos, piezas de exhibición de una riqueza ajena, personas reducidas a artículos de posesión o valores de cambio. Lo mismo ocurre con el vello corporal o facial: entre el vello facial de Frida Kahlo y las axilas pobladas de las jóvenes feministas radicales, se perfila una línea de rebeldía.

En la gráfica de esta obra, la intención no recae en ilustrar fórmulas pasadas; se trata más bien de elaborar un conjunto de imágenes que dialoguen con los conceptos abordados en cada una de las entradas. Algunas de estas imágenes representan de manera explícita a mujeres relevantes: es el caso de Simone de Beauvoir (páginas 105-106) o de las Guerrilla Girls (páginas 231-232), citadas en los textos correspondientes; otras, son figuras que tienen relación con el tema de la entrada: es el caso de Angela Davis (páginas 159-160) o de Ana Mendieta, representada esta última en el marco de la *performance* de 1972 *Facial Hair Transplant* (páginas 63-64). El resto de los dibujos pretenden subrayar, destacar, desde un contrapunto metafórico, el enorme valor de los debates y logros del feminismo en los últimos años.

Esta aventura ha sido un viaje creativo que he compartido y disfrutado junto a dos personas fundamentales: Alicia H. Puleo, guía inestimable en este proyecto que es la Colección Feminismos, y su editor, Raúl García Bravo, mirada atenta y resolutiva. A los dos, gracias.

¡Somos la mitad!

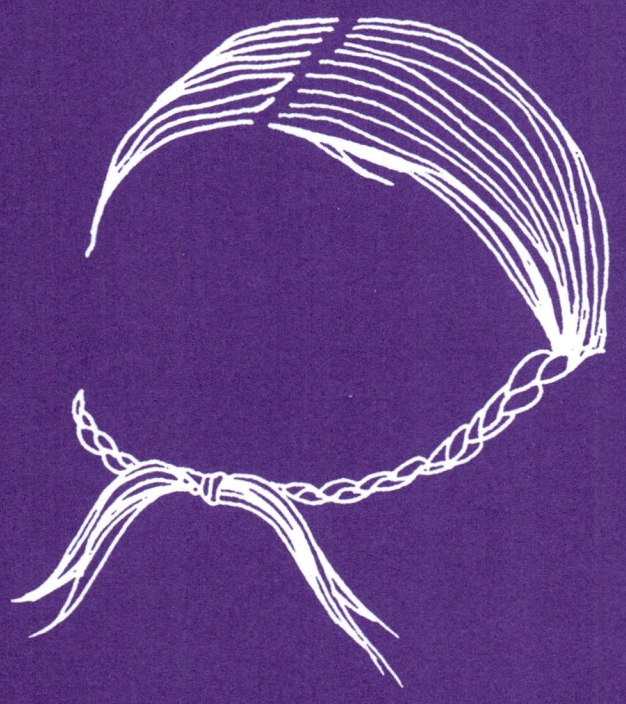

Androcentrismo

Marta Madruga Bajo
Verónica Perales Blanco

El androcentrismo *(andros:* «varón» en griego) es la visión del mundo que universaliza lo masculino como lo humano, que sitúa al hombre, su mirada y su experiencia en el centro de todas las cosas y como la medida de todas las cosas. Invisibiliza a la mitad de los seres humanos: las mujeres; oculta su mundo, sus experiencias y sus aportaciones a la historia de la humanidad y del pensamiento. La historia de la humanidad ha narrado e interpretado las luchas de poder vinculadas al espacio público, tradicionalmente reservado para los hombres, ocultando o minimizando el espacio doméstico-privado. Se han silenciado todas aquellas tareas y actividades que, como las del cuidado, han sido históricamente realizadas por las mujeres y que resultan indispensables para el despliegue del ámbito público tal y como ha sido concebido y para el desarrollo de la vida y de las civilizaciones. Como afirma Alicia Puleo, el androcentrismo desvaloriza la empatía, la compasión y las tareas del cuidado, valores y ocupaciones tradicionalmente femeninas. El androcentrismo, como una de las bases del patriarcado, facilita la dominación de una mitad de la humanidad sobre la otra y sustenta, además, una visión antropocéntrica de la naturaleza.

Las mujeres, socializadas en culturas patriarcales, interiorizamos el discurso androcéntrico como universal e interpretamos el mundo, a nosotras mismas y las relaciones interpersonales desde sus parámetros.

El feminismo no solo ha reivindicado los derechos que históricamente han sido arrebatados a las mujeres, también ha denunciado el androcentrismo que impregna toda la cultura hegemónica. Filósofas como Celia Amorós y Ana de Miguel han señalado que identificar lo masculino con lo genéricamente humano significa, por un lado, que quienes no poseen las características que definen la masculinidad son concebidos como seres humanos incompletos. Las mujeres, por tanto, quedan excluidas del estatuto de humanidad. Esa identificación ha significado también que la masculinidad se autodefine como lo universal, contaminando todo lo humano con la experiencia masculina, que se ha convertido en la medida de todas las cosas. Además, la identificación se hace con una masculinidad hegemónica que anula otras posibles formas de vivirla. Celia Amorós y las investigadoras que trabajaron con ella en el Seminario «Feminismo e Ilustración» a finales del siglo xx nos permitieron comprender que nuestra tradición de pensamiento no solo ha excluido a las mujeres, sino que ha formulado e implantado un discurso falsamente universal.

El desconocimiento de la teoría feminista contribuye a perpetuar una visión androcéntrica, favorece un discurso sesgado que campa en todos los ámbitos del conocimiento. Por citar un ejemplo, los hombres han sido también el paradigma de la salud y de la enfermedad. En la actualidad, sabemos que las mujeres son frecuentemente infradiagnosticadas de enfermedades cardiovasculares porque los síntomas que se tienen en cuenta para detectar un infarto son los que se han descrito en varones, o que los ensayos clínicos de nuevos fármacos se han realizado casi exclusivamente con hombres, cuando se comercializan para toda la población, mujeres incluidas. En el ámbito cultural, artístico y educativo, la norma ha sido infravalorar e invisibilizar las aportaciones de las mujeres; se ha naturalizado la ausencia de «la mitad». Esta mitad está ausente en el discurso imperante y también en su gramática cultural. La historiadora Mary Beard ha definido recientemente el desnudo en la cultura clásica occidental como el reflejo exclusivo de la mirada androcéntrica, o, dicho de otro modo, la manifestación selectiva de los deseos masculinos. El desnudo, como género artístico, se ha desarrollado fundamentalmente desde el androcentrismo; lo mismo ocurre con otras formas de expresión.

El feminismo es necesario para sentar las bases sobre las que construir un discurso realmente universal, para interpretar los problemas que afectan a las mujeres desde el marco global de la desigualdad sexual que sigue atravesando las sociedades democráticas y para promover medidas políticas que los erradiquen. Gracias al feminismo, hemos descubierto la parcialidad de la cultura androcéntrica y nos encaminamos hacia su transformación.

Para saber más

Lecturas

Amorós, Celia, *La gran diferencia y sus pequeñas consecuencias… para las luchas de las mujeres,* Madrid, Cátedra, Colección Feminismos, 2005.

De Miguel, Ana, «El legado de Simone de Beauvoir en la genealogía feminista: la fuerza de los proyectos frente a "La fuerza de las cosas"», *Investigaciones Feministas,* vol. 0, 2009, 121-136. Puede consultarse online.

García Dauder, Silvia, y Pérez Sedeño, Eulalia, *Las «mentiras» científicas sobre las mujeres,* Madrid, Los Libros de la Catarata, 2017.

González García, Marta, «Epistemología feminista y práctica científica», en Norma Blázquez Graf y Javier Flores (eds.), *Ciencia, tecnología y género en Iberoamérica,* México, Centro de Investigaciones Interdisciplinarias en Ciencias y Humanidades, Universidad Nacional Autónoma de México, 2005, págs. 575-596.

Puleo, Alicia, *Ecofeminismo para otro mundo posible,* Madrid, Cátedra, Colección Feminismos, 2011.

— *Claves ecofeministas. Para rebeldes que aman a la Tierra y a los animales,* Madrid, Plaza y Valdés, 2019.

Material audiovisual

Cenicientas 3.0, Ana de Miguel, «Sexismo, androcentrismo y el lugar de las mujeres». Puede consultarse online.

Mary Beard's Shock of the Nude (2020), BBC, TV serie documental. Puede consultarse online.

Queridas viejas (2017), obra en la que María Gimeno hace una revisión y corrección de la *Historia del Arte* de Ernst Gombrich, libro de cabecera en las enseñanzas artísticas de varias generaciones. Puede consultarse online.

Test de Bechdel (explicado por Anita Sarkeesian, fundadora de Feminist Frecuency, 2014). Puede consultarse online.

No deseo que las mujeres
tengan poder sobre los hombres,
sino sobre sí mismas

(Mary Wollstonecraft)

Autonomía

Concha Roldán

Etimológicamente, *autonomía (autós,* «uno mismo», y *nómos,* «ley») significa actuar siguiendo cada uno sus propias leyes. Ese ha sido el común denominador de las demandas de las mujeres durante siglos y en las más diferentes culturas: poder ser dueñas de sus cuerpos y de sus vidas, tener la independencia suficiente para actuar siguiendo sus propias iniciativas, deseos y expectativas, esto es, lo que conocemos como *libertad*. Un clamor que se alza en medio de una realidad en la que la mayoría de las mujeres padecen cotidianamente violencia en forma de objetualización, dependencia, control, maltrato y hasta la muerte. Incluso las mujeres que han conseguido emanciparse en el seno de las democracias occidentales experimentan una continua amenaza a su integridad física, moral o jurídica, pues, a pesar de haberse aplicado leyes y planes de igualdad, no se ha conseguido implantar en dichas sociedades una *igualdad* de hecho, que constituiría la base para poder construir la autonomía y la libertad de todas las mujeres. Una desigualdad que hunde sus raíces en el antiguo prejuicio de la «inferioridad natural» de las mujeres, dotadas de menos fuerza y «destinadas» por ello a realizar las tareas domésticas y de cuidado de la prole, mientras los varones construían en torno a sus habilidades cazadoras y guerreras las relaciones de poder que subyacen todavía hoy a todas las sociedades patriarcales. La mayoría de los filósofos occidentales, desde Aristóteles hasta Nietzsche, pasando por Kant, Kierkegaard o Schopenhauer, han teorizado sobre la diferencia biológica de las mujeres, que se traducía a su vez en incapacidad racional, por lo que las mujeres fueron excluidas del estudio, del desempeño de tareas en la vida pública, de los derechos, de la ciudadanía, sencillamente porque eran consideradas el «sexo débil» o el «segundo sexo» —como denunciara Simone de Beauvoir.

El concepto de «autonomía» adquirió protagonismo con la Ilustración, que defendía la igualdad por naturaleza de todos los seres humanos, una de las piedras angulares de la ética de Kant y del contrato social de Rousseau. Por eso llama poderosamente la atención que ninguno de los dos fuera coherente con sus propios presupuestos ilustrados y se limitaran a asumir el prejuicio de que las mujeres son como «niños grandes» que siempre necesitarían de un tutor (padre, esposo, hermano o incluso hijo). Sin embargo, otros filósofos varones, como Condorcet, sí que asumieron los *Cuadernos de quejas* (1789) que demandaban la admisión de las mujeres en las asambleas políticas o, lo que era lo mismo, su derecho a una ciudadanía activa, que les estaba vedada por no ser propietarias (a la vez no eran propietarias porque precisaban de un tutor que administrara sus bienes).

El siglo XVIII traerá las reivindicaciones más políticas de las mujeres, de la mano de la Revolución Francesa. Acaso las figuras más representativas en este aspecto sean Olympe de Gouges *(Droits de la femme et de la citoyenne,* 1791) y Mary Wollstonecraft *(A Vindication of the Rights of Woman,* 1792). El punto de partida de sus escritos es que todos los seres humanos (sean varones o mujeres) nacen con el inalienable derecho a la igualdad, la independencia (autonomía) y la libertad. Por la misma época en la que Kant está publicando su *Metafísica de las costumbres* y su *Antropología,* Mary Wollstonecraft insiste en subrayar que lo que eleva a los seres humanos por encima de los animales es su capacidad racional y apela a la responsabilidad de los individuos para actuar y educar de acuerdo con la racionalidad, contribuyendo con ello a mejorar la sociedad; si las instituciones y las prácticas sociales dominantes representan un obstáculo para poner en práctica la racionalidad, es que necesitan ser reformadas.

Esta lucha por la autonomía, la igualdad y la libertad de las mujeres fue lo que dio a la Ilustración su sentido radical, como nos ha enseñado Celia Amorós. Una radicalidad que fue también asumida en el siglo XX por feminismos diversos como el movimiento sufragista, el existencialismo de Simone de Beauvoir, por feministas socialistas como Alexandra Kollontai o los neofeminismos de los años 70. Lamentablemente, en los comienzos del siglo XXI tenemos que seguir defendiendo esta misma autonomía contra la violencia de género, la invisibilización de las mujeres, la precariedad de los empleos, la brecha salarial o el denominado techo de cristal —que se ha convertido en techo de acero o de hormigón impenetrable para la mayoría de las mujeres. Desde la filosofía queremos reivindicar a las mujeres como sujetos autónomos e independientes que constituyen a su vez un sujeto político. Sin duda, son muchos los feminismos, y está bien que prolifere esa pluralidad siempre y cuando todas sigamos defendiendo «un feminismo», en singular, en el sentido de Alison Jaggar[1]: «Lo *común* a las diversas formulaciones de la teoría feminista en su *compromiso* por terminar con la subordinación, marginación, discriminación/dominación-explotación y violencia-tortura contra las mujeres».

Para saber más

Lecturas

Brontë, Charlotte, *Jane Eyre* (novela), Londres, Smith, Elder & Company, 1847. [Hay traducción española de Elisabeth Power, Madrid, Alianza, 2017].
López Pardina, Teresa, «Autonomía», en Celia Amorós (dir.), *10 palabras clave sobre mujer,* Estella, Verbo Divino, 1995.
Puleo, Alicia H., *La ilustración olvidada. La polémica de los sexos en el siglo XVIII,* Madrid, Anthropos, 1993.
— *El reto de la igualdad de género,* Madrid, Biblioteca Nueva, 2008.
Roldán, Concha, «Ni virtuosas ni ciudadanas: inconsistencias prácticas en la teoría de Kant», *Ideas y Valores. Revista Colombiana de Filosofía,* LXII, suplemento 1, 2013, 185-203.

---

[1] Alison M. Jaggar, *Feminist Politics and Human Nature,* Totowa (NJ), Rowman & Allanheld, 1983, pág. 5.

— «Ausencias de lo ejemplar: feminismo y filosofía», en Ricardo Gutiérrez Aguilar (ed.), *Predicar con el ejemplo. Ser y deber (de) ser en lo público*, Barcelona, Bellaterra, 2019, págs. 381-406.

Roldán, Concha, y González, Marta (eds.), «Feminismos. Nuevas tendencias», número monográfico de *Isegoría*, 38, 2008.

Wollstonecraft, Mary [1792], *A Vindication of the Rights of Woman,* edición de Sylvana Tomaselli, Cambridge, Cambridge University Press, 1995. [Hay traducción española de Carmen Martínez Gimeno y edición de Isabel Burdiel en Madrid, Cátedra, 2018].

Woolf, Virginia, *Una habitación propia,* traducción de Laura Pujol, Barcelona, Seix Barral, 1986.

Material audiovisual

Invisibilidad y exclusión. La ausencia de las mujeres de la historia de la filosofía, conferencia de Concha Roldán, 30 de marzo de 2020, Facultad de Filosofía, ULL; https://drive.google.com/file/d/1NNouxtoYFE8FzcPPbFK_2jiQ4nVE-k6h/view.

Sense and Sensibility, película estadounidense basada en la novela homónima de Jane Austen, con guion de la actriz principal, Emma Thompson, y dirigida por Ang Lee en 1995.

Sufragistas, película británica, con guion de Abi Morgan, dirigida por Sarah Gavron en 2015.

Nuestro cuerpo nos pertenece

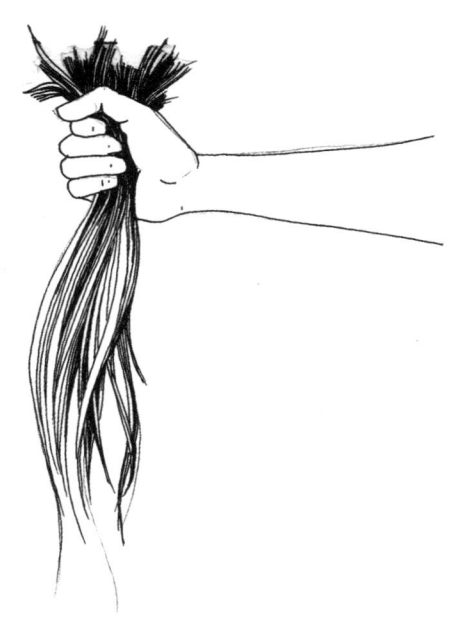

Belleza como sujeción

Soledad Murillo

Cuando la belleza no es concebida como simple arreglo, sino como imperativo de recuperar la imagen de los veinte años, se convierte en un sofisticado poder de sujeción. El fetichismo de la mercancía se renueva: detener el tiempo. Para ello, la industria cosmética ya no vende un producto, sino la magia de un cambio que solo las mujeres son responsables de lograr. Un mandato en clave individual, que depende de cada una de nosotras. *No hay mujeres feas, sino perezosas,* decía Elena Rubinstein.

En el siglo XXI, la cultura de la delgadez y la eternidad precisa de nuevas formas de dominación entendidas como el autoperfeccionamiento permanente. Y para que la belleza no se quede únicamente en un rostro lozano, ahora lo importante es que se vincule la eternidad a la salud. Todo sometido a la misma regla: una constante implicación personal saludable, cuando el significado real es «corregirse» para mantenerse joven. Las revistas especializadas en dietas, gimnasios y diferentes prácticas deportivas han proliferado en un 55 por 100 en nuestro país en los últimos años. Nadie duda de lo imprescindible que resulta cuidarse; la única objeción es que esta tarea se acabe convirtiendo en una preocupación constante y una fuente de inseguridad. En este punto, conviene recordar que las mujeres maduras fueron las primeras en descubrir el deporte más barato y más flexible (en los tiempos que dejaban libres los cuidados familiares) al adoptar el paseo como un ejercicio regular y cotidiano.

Ser fea o atractiva solo depende de ti. La primera estrategia es presentar un ideal, un cuerpo que distará mucho de cada cuerpo real. Es evidente que una estética eterna y delgada es incompatible con cada cuerpo en particular. Pero los estándares promocionan un icono y, con él, la seducción de alcanzar el modelo clónico:

1. El ideal debe incorporar los suficientes puntos de identificación: hay que invitar a «parecerse» a él. Se precisa de una autoexploración meticulosa.
2. Superada esta prueba, debe surgir una mujer que se rete a sí misma. Las desertoras están prohibidas. Hay que seducir a la consumidora mediante un discurso maternal e incondicional. Te veas como te veas, *puedes cambiar: yo estoy contigo.*
3. Cualquiera que no logre alcanzar el modelo propuesto está expuesta a experimentar la vivencia del fracaso. ¿Cómo sustraerse a la plenitud cuando es tan fácil llegar a conseguirla? Adelgaza cinco kilos en una semana; esculpe tu cuerpo en 10 movimientos.
4. El riesgo de la vivencia del fracaso se evita «distrayendo» la obsesión: la belleza comparte espacio con los consejos para las mascotas, la jardinería o las recetas de cocina.

La segunda estrategia radica en provocar una autopercepción troceada. No es oportuno vivenciarse «entera». De hacerlo, no estaríamos capacitadas para fragmentar nuestro cuerpo. No son zonas del cuerpo, sino defectos que hay que superar: no son los senos, sino el tamaño. No olvidemos el debate sobre lo que representa la cirugía estética, especializada en redefinir, parte a parte, hasta formar un bello Frankenstein. Los mecanismos para «trocearnos» se presentan, como siempre, de fácil ejecución.

1. Diferenciar entre el cuerpo autopercibido y el cuerpo deseado. No gustarse es un requisito imprescindible para asumir el proceso. ¿Qué parte escogemos? ¿Qué parte determina nuestra desaprobación?
2. Nuestra (auto)observación pasa por desagregar todo lo posible. El objetivo no admite dudas: clasificar y corregir, la fealdad siempre está localizada.
3. Catalogar, anotar y comenzar el proceso —laborioso, pero supuestamente fácil— del cambio prometido. La disección: brazos, caderas, culo,

senos, etc. De hecho, los aparatos de gimnasia trabajan discriminadamente sobre cada parte.
4. Hay que invertir en capital estético, pero individualizando la tarea. De fracasar, la culpa vuelve a ser el acicate para volver a empezar.

Solo a modo de ejemplo, en orden a cómo penetra la dominación a través de los hábitos alimenticios, se requiere un enorme esfuerzo de atención y control:

1. Anotar lo que se come o no se come. Confeccionar un diario de la ingesta.
2. Suplantar los alimentos por equivalencias, traducidas en calorías.
3. Hacer juegos de sustitución: mejor el té que el café, mostaza en vez de mayonesa.
4. Disciplinarse, organizarse, autoconvencerse.

Saberse ciudadana, no en el sentido otorgado en el siglo xx, testigo del establecimiento del sufragio y la democracia política, sino en el de un ahora con múltiples canales de participación interactiva, a los que se suman constantes exigencias de ser dueñas de nuestro presente y de nuestro futuro, no parece compatible con la paulatina expropiación del cuerpo de las mujeres. El feminismo es equivalente a la constante interpelación, un proyecto orientado a problematizar el orden establecido para desvelar el poder que se ejerce sobre las mujeres, como han señalado Celia Amorós y Amelia Valcárcel. Estamos emplazadas a nuevos pactos, a la inevitable necesidad de realizar difíciles negociaciones, tanto en nuestra vida privada como en el espacio público. Afrontamos cambios día a día. Hacemos frente a incertidumbres que no intuíamos antes. Una ingente tarea, como para desgastarnos en un juego de «mejoras corporales». La relación con nuestro cuerpo corre el riesgo de provocar un poderoso extrañamiento con nosotras mismas. Vernos «gordas», «flacas» o «viejas» nos resta energía, aunque lo más horadante es que nos niega la propiedad sobre nosotras, porque «tenerse» en cuenta precisa de una primera aceptación, que no es sinónimo de conformidad.

Ser feminista no implica renegar de la salud, menos aún de los cuidados personales. Por el contrario, el autocuidado ha sido una vindicación permanente. El feminismo solo pretende advertir sobre cómo nos tratamos, cómo nos desautorizamos por una inseguridad creada por el mercado. Insultar a una chica —sigue sucediendo en las aulas— pasa por elegir una parte de su cuerpo como blanco para devaluar su imagen en voz alta. Un sujeto mujer debe estar alerta ante una industria que se obstina en señalarnos como defectuosas y, al mismo tiempo, en ofrecernos remedios con supuestos efectos prodigiosos. La estética pretende reemplazar a un feminismo que no se deja seducir por pautas autoinculpadoras capaces de afectar al respeto hacia una misma. Las feministas sabemos muy bien que ser ciudadana con pleno derecho representa una lucha diaria, la única que no depende ni de la edad ni de la talla.

Para saber más

Lecturas

Moran, Caitlin, *Cómo ser mujer,* Barcelona, Anagrama, 2015.
Posada, Luisa, «Las mujeres son cuerpos. Reflexiones feministas», *Investigaciones Feministas,* vol. 6, Universidad Complutense de Madrid, 2015, 108-121. Puede consultarse online.
Wolf, Naomi, *El mito de la belleza,* Barcelona, Emecé, 1991.

Material audiovisual

Las mujeres de verdad tienen curvas, película estadounidense dirigida por Patricia Cardoso en 2001. Puede verse online. Cuenta la historia de una joven de la minoría latina en Estados Unidos que vive la tensión entre los modelos de su cultura de origen y los de la sociedad en que reside.
Malos hábitos, película mexicana dirigida por Simón Bross en 2005. El film trata sobre trastornos alimenticios surgidos en la propia familia.

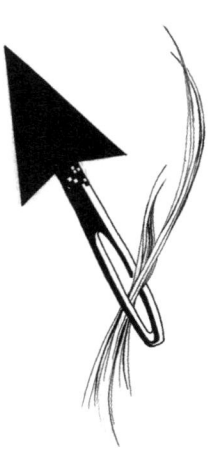

Brecha digital

Montserrat Boix

Se llama «brecha digital de género» a la desigualdad en el acceso a internet, en las habilidades digitales y en el uso de las TIC (tecnologías de la información y comunicación) de las mujeres con respecto a los hombres.

La tecnología ha consolidado su protagonismo en este mundo globalizado y las feministas hemos sabido aprovechar su potencial. Con el ciberfeminismo hemos descubierto el poder de la tecnopolítica. Hemos trabajado en el desarrollo de un nuevo ecosistema tecnológico social y colaborativo cuestionando el uso puramente crematístico y comercial. También nos hemos enfrentado a la brecha digital de género, y de hecho en estos momentos las mayores diferencias en conectividad y uso se encuentran sobre todo en aspectos generacionales y socioeconómicos. Pero, por el camino, hemos olvidado claves que es fundamental recuperar.

En la década de los 90 apostábamos por el *software* libre. Hartas de que el código se escribiera en masculino singular, la posibilidad de conocer y modificar libremente el código nos permitía traducirlo a femenino plural. También éramos especialmente conscientes del valor del conocimiento colectivo y libre, aunque nos faltaban muchas manos para crearlo. Reivindicábamos la soberanía tecnológica. Compartir información y recursos formaba parte de una «ética *hacker*» que proyectaba una manera alternativa de construir y habitar un mundo en el que lo tecnológico cobraba cada vez mayor protagonismo. Queríamos crear códigos y datos abiertos para su libre reutilización, desarrollar políticas sostenibles en que la prioridad fuera el compromiso de lo público y el procomún, poner el foco en los intereses de la ciudadanía frente a los de las corporaciones. Queríamos que el nuevo mundo digital se construyera sobre la base de la igualdad entre hombres y mujeres.

¿Y dónde estamos ahora? ¿Nos consideramos más conectadas y con mayor acceso a las tecnologías por el mayor uso de las redes sociales? No nos engañemos: solo ha cambiado la posibilidad de amplificar el mensaje para crear alianzas y hemos olvidado que las tecnologías no son un fin en sí mismas, son herramientas que poco nos van a servir sin responder con claridad a las preguntas fundamentales: ¿quién las está diseñando y construyendo? Y, sobre todo, ¿para qué las vamos a usar?

Una de las primeras acciones en la historia del hacktivismo feminista fue la denuncia de los feminicidios en Ciudad Juárez en 2003. Se creó la página web mexicoturismo.org, donde bajo la apariencia de publicidad turística se informaba sobre las distintas localizaciones de los cadáveres de las mujeres asesinadas. Años más tarde, ya con nuevas herramientas, seguimos recordando que violaciones y feminicidios no solo persisten sino que se han incrementado. En Egipto, el proyecto HARASSmap documenta con geolocalización los puntos de la ciudad de El Cairo donde se producen con mayor frecuencia agresiones sexuales. En 2014, la fotógrafa e informática Sonia Madrigal inicia el proyecto «La muerte sale por el oriente», otra vez los feminicidios, con fotografía documental, intervención del territorio y mapeo digital colectivo. A finales de 2017 se hace viral el movimiento MeToo contra la impunidad de las agresiones y el acoso sexual. En realidad, se trata de la utilización de un gran altavoz para gritar «hasta aquí hemos llegado», lo que ya se había escuchado en las calles de Madrid en 2014 *(El tren de la libertad)*, Buenos Aires en 2015 (Ni una menos) o en la Marcha de las Mujeres sobre Washington en enero de 2017, tras la victoria de Donald Trump.

«No se trata solo de reparar este internet que no nos gusta, o ese sistema en el que más o menos tenemos espacio, se trata del mundo que queremos empezar a imaginar para materializar […] no solo espacios seguros sino la posibilidad de desplegarnos como somos», reclama Lili Anaz, hackfeminista del Laboratorio de Interconectividades[1].

---

[1] https://lab-interconectividades.net/el-lab/.

Para materializar el mundo que imaginamos y queremos, tendremos que enfrentarnos a uno de los principales problemas que no solo no se han resuelto, sino que se han agravado: la escasez de mujeres pensando y diseñando tecnología, estudiando carreras TIC y trabajando en profesiones relacionadas con habilidades digitales.

Como feministas, además, nos toca cuestionar que la tecnología que estamos usando de manera naturalizada nos esté arrastrando al consumo tecnológico, sin reflexión, empujándonos a una revolución digital que va de la mano de la globalización neoliberal, advierte la filósofa Ana de Miguel.

Las feministas sabemos que no hay un único marco: queremos tiempo y espacio para pensar, crear y diseñar las tecnologías. Que incidan en políticas públicas, que se sopesen sus consecuencias no previstas ni deseadas. Que se incida en el valor de lo abierto y público.

Para ello toca recuperar la lucha por un internet de acceso universal y tomar conciencia de las brechas que persisten: geográficas, de género, pero también económicas, sociales y culturales.

Toca desarrollar tecnología a partir de las necesidades reales de las personas, generando y exigiendo datos libres que puedan reutilizarse en beneficio de toda la comunidad.

Toca involucrarse de lleno en el desarrollo del conocimiento colectivo y participar en proyectos estratégicos como Wikipedia, en el que, años después de su creación, menos del 20 por 100 de quienes editan son mujeres.

Toca recordar lo glocal y recuperar el valor del espíritu de cooperación y confianza ante un futuro que amenaza con el aumento de la tecnología de la vigilancia.

Toca recuperar la ética *hacker*.

Toca librar la batalla en defensa de nuestra intimidad marcando límites y enfrentándonos al control. También reivindicar el derecho a la desconexión.

Porque hace tiempo que, con el feminismo, aprendimos que lo personal es político.

Para saber más

Lecturas

Agujeros negros en la red. Conversación entre Margarita Padilla y Franco Berardi, Universidad Internacional de Andalucía. Puede consultarse online.
Boix, Montserrat, *Hakeando el patriarcado. La lucha contra la violencia hacia las mujeres como nexo.* Puede consultarse online.
Castaño, Cecilia, *La segunda brecha digital,* Madrid, Cátedra, 2008.
Harari, Noha Yuval, «El mundo después del coronavirus», *La Vanguardia,* 5 de abril de 2020. Puede consultarse online.
Himanen, Pekka, *La ética del hacker y el espíritu de la era de la información,* Barcelona, Destino, 2002.
Lorente, Patricio, *El conocimiento hereje. La historia de Wikipedia,* Buenos Aires, Paidós, 2020.
Nuestras vidas digitales. Barómetro de la e-igualdad de género en España. Puede consultarse online.
Padilla, Margarita, *El kit de la lucha en Internet,* Madrid, Traficantes de Sueños, 2012.

Material audiovisual

Conversatorio Internet Feminista. Lili Anaz, Paty, Lulú y Bruz, El desarmador (audio). Puede consultarse online.
Montserrat Boix reflexiona sobre las Redes Sociales, FORO DE LAS CIUDADES 2012. Puede consultarse online.

¡A igual trabajo, igual salario!

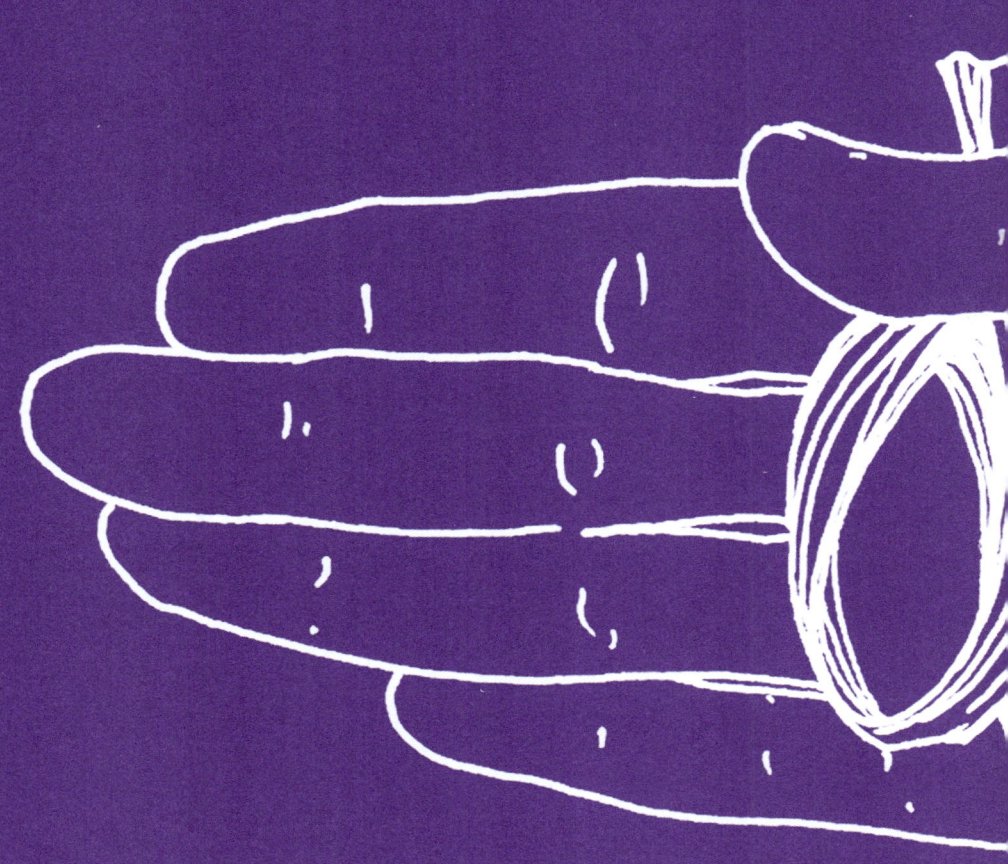

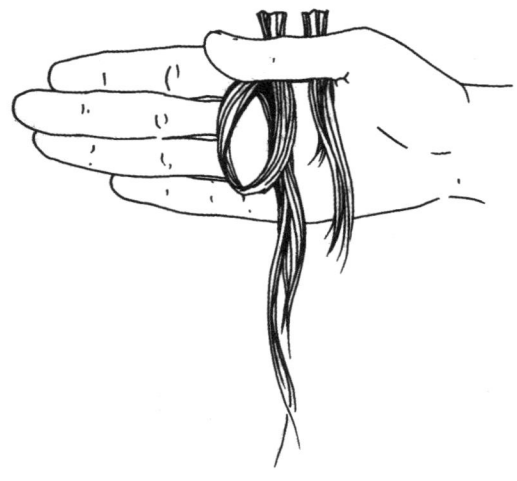

Brecha salarial

Eva Antón

La brecha salarial de género es la diferencia entre la ganancia media de hombres y mujeres por trabajos iguales o de igual valor. Es un indicador de la discriminación retributiva que afecta a las mujeres respecto a los hombres.

Una de las principales y más antiguas reivindicaciones de las mujeres es la reclamación de igual salario por igual trabajo. Ha formado parte de las manifestaciones, ya centenarias, del 8 de marzo, y ha estado presente en los multitudinarios 8M de 2018, 2019 y 2020.

Que las mujeres reciban menor remuneración que los hombres ante trabajos iguales o equivalentes es una injusticia basada en el sexo-género. Como otras manifestaciones de discriminación y violencia, se produce en todo el mundo[1], también en nuestro entorno[2]. Es resultado económico de la todavía desigual inserción laboral de las mujeres, de la vigencia de la cultura patriarcal y de la división sexual del trabajo. Se prolonga con brechas en las pensiones y en la protección social.

Partiendo de la evidencia estadística, es preciso un enfoque feminista en las causas estructurales de una discriminación económica que limita la autonomía personal de las mujeres y les condiciona a un presente y un futuro de pobreza.

---

[1] *La brecha salarial de género,* CSI, 2018.
[2] Encuestas de Estructura Salarial del INE anuales y cuatrimestrales. Accesibles en el portal ine.es.

La discriminación salarial es uno de los pilares de la violencia económica estructural (Convenio de Estambul, 2011).

La prohibición de la discriminación por razón de sexo y el derecho a igual remuneración por trabajo de igual valor están presentes desde hace décadas en los ordenamientos jurídicos internacional, europeo y estatal[3]. La Convención sobre la Eliminación de toda forma de Discriminación contra la Mujer (CEDAW) (1979) dedica su artículo 11 a combatir todas las formas de discriminación a las mujeres en el empleo, señalando: «El derecho a igual remuneración, inclusive prestaciones, y a igualdad de trato con respecto a un trabajo de igual valor, así como a igualdad de trato con respecto a la evaluación de la calidad de trabajo». Desde entonces, las normativas y políticas públicas de igualdad han incluido la lucha contra la discriminación laboral y salarial entre los objetivos que conseguir.

¿Cómo persiste una discriminación tan antigua? Detengámonos en una desigualdad compleja, de base material (económica) pero imbricada en lo sociocultural, para conocer mejor cómo se calcula, qué factores convergen en causarla y cómo erradicarla.

Nada es neutro. El cálculo de la «brecha» varía en función del análisis empleado[4]. La metodología de cálculo resulta esencial, pues puede empequeñecer la brecha o invisibilizar su carácter estructural. Este es observable en que ape-

---

[3] Por ejemplo, Convenio núm. 100 sobre igualdad de remuneración (1951) de la OIT. En el ámbito europeo, ha estado presente desde el Tratado de Roma (1957). En España, la Constitución Española (1978), el Estatuto de los Trabajadores (1980), la Ley Orgánica 3/2007, de 22 de marzo, para la igualdad efectiva entre mujeres y hombres, el Estatuto Básico del Empleado Público (2007) y el Real Decreto-ley 6/2019, de 1 de marzo, de medidas urgentes para garantía de la igualdad de trato y de oportunidades entre mujeres y hombres en el empleo y la ocupación.

[4] No es lo mismo calcular sobre la base del salario/hora (las mujeres trabajan un menor número de horas al año por su mayor proporción en el empleo a tiempo parcial y temporal) que sobre la base del salario/año. Tampoco lo es, para el cálculo, dividir el salario de las mujeres entre el de los hombres que proceder al contrario. La Encuesta Anual de Estructura Salarial del año 2017 recoge: «El salario medio anual femenino representó el 78,1 por 100 del masculino». Pero si se calcula al contrario, resulta que el salario medio masculino fue un 128,06 por 100 del femenino; luego este debe aumentar un 28,1 por 100 para equipararse.

nas se reduce, en que se produce en todas las ocupaciones y en los salarios medios más bajos en ramas y categorías laborales feminizadas, consecuencia de la segregación ocupacional y de la desvalorización de profesiones ocupadas mayoritariamente por mujeres, vinculadas en muchos casos a tareas ligadas al rol de género: curar, cuidar, limpiar, alimentar...

Las mujeres dejaron de percibir en 2017 5.784,03 euros, una tercera parte de su salario anual; es evidente el tiempo que trabajan «gratis». En los últimos diez años, la brecha apenas se ha rebajado en 200 euros. Y ellas son mayoría en los salarios más bajos: el 18,8 por 100 tuvo ingresos salariales menores o iguales que el Salario Mínimo Interprofesional (SMI), frente al 7,8 por 100 de los hombres.

Son muchas las causas. Por ejemplo, las que condicionan su presencia en el mundo laboral, debido a una mentalidad patriarcal que reproduce roles y estereotipos de género. Esta mentalidad aleja a las mujeres del empleo al adjudicarles la responsabilidad de cuidadoras familiares (el trabajo reproductivo no remunerado) mientras desvaloriza los empleos considerados «femeninos». Persiste una segregación vital, académica y profesional que se prolonga laboralmente, manifestada en el acceso segregado a sectores de actividad feminizados (sociosanitario, educativo, comercio, hostelería, limpieza...) con mayor tendencia al empleo temporal, estacional, parcial... y salarios medios inferiores, y en el llamado «techo de cristal», que tapona el ascenso profesional de las mujeres a puestos directivos. Y, de manera principal, el tiempo parcial, desempeñado en un 75 por 100 por mujeres, que explica casi la mitad de la brecha salarial.

Otras causas están localizadas en la empresa o centro de trabajo. Por ejemplo, un informe aprecia que los «complementos salariales, concretamente aquellos que son concedidos de manera discrecional por la empresa y que, obviamente, no son negociados con la representación legal de los trabajadores, representan el 44 por 100 de la brecha salarial»[5].

Como medidas correctoras, urge implantar una cultura de igualdad y sostenibilidad mediante un modelo coeducativo que libere de estereotipos sexistas y

---

[5] *La brecha salarial, factor de quiebra democrática*, CC.OO., 2019.

eduque en la universalización de los cuidados. Es necesario un nuevo modelo económico basado en el empleo de calidad, con perspectiva de género, para acabar con la precariedad, la segregación y el tiempo parcial involuntario. Es preciso establecer sistemas de selección, clasificación, promoción y formación sin sesgos de género, mediante la negociación colectiva. Debe cumplirse la obligatoriedad de negociar planes y medidas de igualdad en las empresas. Y es necesario revalorizar y redistribuir el trabajo de cuidados mediante una red de servicios públicos accesibles y la corresponsabilidad de los hombres.

Eliminar la brecha salarial, atajándola desde sus causas, sigue siendo uno de los objetivos prioritarios del feminismo.

Para saber más

Lecturas

Ballester Pastor, María Amparo, *La discriminación retributiva por razón de sexo: brecha salarial y desigualdades de género en el mercado de trabajo*, Albacete, Bomarzo, 2018.

CC.OO., *Igualdad retributiva, un derecho pendiente*, Secretaría Confederal de Mujeres e Igualdad de CC.OO., 2020.

Moreno Martínez, Carolina, *Brecha salarial de género y discriminación retributiva: causas y vías para combatirlas*, Albacete, Bomarzo, 2019.

Material audiovisual

Made in Dagenham (Pago justo en castellano), película británica dirigida por Nigel Cole en 2010. Recrea la movilización y la huelga que protagonizaron en junio de 1968 las trabajadoras de la planta de la Ford en Dagenham (Reino Unido) reivindicando la igualdad salarial con sus compañeros varones, germen de la *Equal Pay Act* (Ley de Igualdad Salarial) aprobada por el Parlamento británico en 1970, en vigor desde 1975, que prohíbe la desigualdad de trato entre mujeres y hombres en las condiciones laborales, entre ellas, el salario.

Ciberacoso

Barbijaputa

Fui activista y ciberactivista antes de tomar conciencia feminista. El ciberacoso de entonces, por supuesto, era también machista, pero yo no lo veía. Sin embargo, este hostigamiento en internet que sufrí me ayudó a poner las cosas en su lugar en cuanto al feminismo. Me explico: mi sarcasmo al denunciar ciertas cosas no era bien recibido por muchos de mis seguidores varones. Tampoco mi humor ni mis formas, muy alejadas del recato y de lo considerado por la sociedad como femenino. Hordas de hombres se acumulaban en los comentarios de mi blog y, más tarde, en mis menciones de redes sociales, para afearme ciertas palabras, formas u opiniones. También me han insultado y amenazado en miles (y digo miles) de ocasiones. El «puta» era muy común. Esto me hizo pensar en algún momento en la obsesión de muchos de relacionar mis opiniones políticas con la prostitución. Nunca lo tomé como algo personal: el «puta» como insulto siempre me ha parecido que retrata a quien lo usa, sin más.

Poco a poco fui adentrándome en el feminismo, leyendo, observando, escuchando a otras mujeres. Fui comprobando que, en infinidad de ocasiones, lo que leía y escuchaba encajaba a la perfección en mi experiencia vital y virtual. El «puta», el «quién te has creído», el «zorra», el «diva», el «estás falta de una buena polla», el «te la voy a meter hasta reventarte por dentro»... estas formas de dirigirse a mí, ya fueran más o menos salvajes, comenzaban a entrar en un solo compartimento en mi cabeza: el del machismo. Esto significó un antes y un después en mi vida y en mi activismo político: yo no generaba el problema, yo lo sufría. No era algo personal, sino un problema social. Yo no creaba la tensión, solo tiraba de un hilo sin saber que el otro extremo estaba atado a una lacra que pesaba más que yo. Yo no era culpable de provocar ira en los hombres, esa ira ya estaba allí.

En mi opinión, el ciberacoso que recibimos las mujeres en internet, ya sea motivado por una u otra cosa y se exprese de forma machista o no, tiene detrás a un misógino, a un machista que detesta a las mujeres. Da igual si la acosada está hablando de fútbol y el acosador la insulta con un «imbécil» porque él es de otro equipo. Creo que existe machismo incluso en ese caso porque vivimos en una sociedad en la que no podemos sacar de la ecuación el factor «sexo». No podemos asegurar que ese que insulta se hubiera comportado exactamente igual en ese preciso momento si el mensaje que lee es el de un hombre.

Pero no es de ese ciberacoso del que vengo a escribir, sino de aquel cuya única motivación para que la ciberagresión tenga lugar es la misoginia. En mi experiencia, que es bastante dilatada, ya que llevo 12 años sufriéndolo, diré varias cosas que para mí fueron reveladoras: nunca una sola mujer en todos estos años me ha amenazado con matarme, con mandarme a un violador o con ejercer sobre mí violencia física. Jamás. Todos y cada uno de mis atacantes han sido siempre hombres, con avatares, con perfiles y con fotos de hombres. En muchos, muchísimos casos, el ciberacosador mostraba en sus redes su verdadero nombre, su verdadera foto e incluso incluía en su biografía el nombre de la empresa para la que trabajaba. Así de impunes se les ha hecho sentir.

En mi caso, además, al ser anónima y usar un seudónimo (cosa que me diferencia de muchas activistas que se arriesgan con sus nombres y fotos), el hecho de denunciar me suponía un problema en el sentido jurídico: no podía denunciar como Barbijaputa, ya que, de haberlo hecho, tendría que haber sido con mis datos reales. Datos que me habrían sacado del anonimato *ipso facto*. Una vez, una sola vez, le dije a un individuo que iba a denunciarlo. No pensaba hacerlo, por el motivo comentado, pero no se me ocurrió otra forma de hacerle parar. Su respuesta fue obvia: «En cuanto me llegue la denuncia subo tus datos a Forocoches» (el mayor foro de España, donde los activistas machistas se reúnen para acosar a feministas y tumbar a base de reportes falsos las cuentas en redes de feministas).

El ciberacoso no solo afecta a la mujer que empieza una conversación en internet, sino también a todas aquellas que conversan y responden a la primera. Muchas mujeres deciden no contestar ni entrar en debates con otras para ahorrarse el acoso machista que saben que sufrirán. Se desarticula así la reflexión colectiva y libre entre nosotras. Todas las personas que estén leyendo una reflexión mía, por ejemplo, se quedan sin todo el contenido que muchas otras mujeres podrían aportar, y ellas se quedan con sus reflexiones dentro. Por miedo. Se siega así, de una forma violenta, la libertad de las mujeres para expresarse. El hecho de que haya tantos, tantísimos acosadores en internet y que jamás veamos una sola noticia donde alguno haya sido castigado por la justicia manda un mensaje claro y directo: cuidaos vosotras solitas. Cuidaos no solo de agresiones verbales y amenazas, sino también de lo que escribís. Una activista feminista tiene muchas más probabilidades de enfrentarse a una multa por una reflexión (o al cierre de su cuenta en una red social, como tantas veces ha pasado) que de ver a uno solo de sus acosadores enfrentarse a un juicio por lo que le ha hecho o dicho.

El sistema es, de nuevo, perfecto para ellos: amenazar a una chica con violarla queda impune. El patriarcado necesita de muchos elementos para seguir con vida, y en el caso del ciberacoso, precisa lo que tan a menudo demuestra tener: justicia hecha por hombres y para hombres, policía machista y clasista, invisibilización social de la ciberviolencia machista, normalización del acoso a mujeres y complicidad activa o pasiva de la mayoría de hombres que habitan las redes.

Para saber más

Lecturas

Barbijaputa, «Libertad de persecución», *eldiario.es*, Zona Crítica, 23 de marzo de 2017. Puede consultarse online.

Crosas Remón, Inés, *Sexismo en la red: análisis de la ciberviolencia en contra del ciberfeminismo,* en YouTube, 2016.

Ferreras, Eva, *Combatiendo el acoso al feminismo en las redes,* CTXT, 24 de julio de 2018. Puede consultarse online.

La calle y la noche también son nuestras

Ciudad de las mujeres

Marián López Fdz. Cao

¿Dónde está la memoria de las mujeres que han vivido en las ciudades? ¿Cuáles son sus monumentos, sus calles, sus plazas? ¿Celebra la ciudad los hechos de las mujeres? ¿Silencia sus acciones? ¿Qué lugares, qué personas recuerda la ciudad? ¿Cuáles olvida? ¿Qué tipo de acciones facilita la ciudad? ¿Cuáles dificulta? ¿Permite elegir? ¿Qué barrios, zonas o calles se consideran masculinos, dejando fuera a las mujeres? ¿Cuáles son las zonas que asustan o enfadan a las mujeres? ¿Hay horas para las mujeres en la ciudad? ¿Pasean más las mujeres que los hombres? ¿Toman más el transporte público? ¿Qué espacios expulsan a las mujeres? ¿Cuáles a las mujeres jóvenes? ¿Cuáles a las madres? ¿Cuáles a las mujeres mayores? ¿Cuida la ciudad a sus habitantes? ¿Qué tipo de experiencias tienen las mujeres migrantes como recién llegadas a la ciudad? ¿Cuáles son sus lugares? ¿Reflejan los planos, los mapas, las vivencias de la diversidad de las mujeres, de la diversidad de las personas que viven en ella? ¿Proyecta la ciudad una simbología centrada en la economía productiva? ¿Incluye la vida, la naturaleza? ¿Incluye el cuidado a los vulnerables?

La obra de Christine de Pizan, *La ciudad de las damas*, escrita a comienzos del siglo XV, es un alegato a favor de las mujeres en un mundo donde estas han sido despreciadas una y otra vez. *La ciudad de las damas* se convierte en una utopía donde la autoridad de las mujeres está presente en el espacio y se erige como virtud[1].

---

[1] Cristina de Pizan, *La ciudad de las damas,* traducción de Marie-José Lemarchand, Madrid, Siruela, 2013.

Como utopía, y ucronía, se proyecta como un ideal donde las mujeres puedan vivir en paz y constituirse en comunidad organizada en un espacio determinado: la ciudad. Este anhelo es el que ha sido retomado por lo que se ha venido a denominar «geografía y urbanismo feministas». Las ciudades, igual que a inicios del siglo xv, cuando Pizan escribe su obra, parecieran despreciar y excluir en su trazado y en su memoria la experiencia de las mujeres. La Smithsonian Institution, que analiza la presencia de mujeres en los Estados Unidos, señala la dificultad de encontrar estatuas de mujeres notables[2]. Solo el 10 por 100 de monumentos de figuras históricas en Estados Unidos representan mujeres. En el Reino Unido, los datos son aún más desalentadores: solo un 2,7 por 100 de los monumentos públicos pertenecen a mujeres que no hayan sido de la realeza[3]. En la ciudad de Madrid hay también una presencia mínima de protagonismo femenino: las mujeres aparecen representadas en un 8 por 100 en los monumentos y en un 18 por 100 en las calles.

Pero la geografía y el urbanismo feministas no solo señalan las ausencias de huellas de las mujeres en la ciudad, sino que parten de la idea de que hombres y mujeres experimentan de modo desigual el espacio debido a las diferencias jerárquicas de poder y que, a su vez, esas diferencias quedan reflejadas en el espacio. La geografía feminista aporta al concepto de espacio varias aproximaciones: una podría denominarse la «geografía de las mujeres»[4], y analiza el modo en que las mujeres utilizan el espacio, se desplazan, interaccionan. Junto a este, estaría el análisis de cómo las relaciones de género están reflejadas en el espacio de manera muy significativa a través de la diferenciación entre lo público y lo privado. El urbanismo feminista señala que de la concepción dicotómica y jerárquica pública/privada y del trabajo productivo frente al reproductivo y de cuidados derivan las decisiones políticas y económicas sobre la forma de la

---

[2] Danny Lewis, *It's way too hard to find statues of notable women in the U.S.*, 2016. Puede consultarse online.

[3] Caroline Criado-Pérez, «I sorted the UK's statues by gender — a mere 2.7 per cent are of historical, non-royal women», 2016. Puede consultarse online.

[4] Linda McDowell y Joanne Sharp, *A Feminist Glossary of Human Geography,* Londres, Routledge, 2014, pág. 259.

ciudad, la distribución de usos en el espacio, las inversiones públicas, etc., que contribuyen a potenciar la ciudad como organización simbólica del sistema de producción, desoyendo las necesidades de reproducción de la vida, su mantenimiento y su cuidado. Como señala Valdivia, «repensar la ciudad desde una perspectiva feminista es dejar de generar espacios desde una lógica productivista, social y políticamente restrictiva, y empezar a pensar en entornos que prioricen a las personas que los van a utilizar»[5].

Desde hace décadas, han sido numerosas las iniciativas artísticas que han denunciado y propuesto la apropiación de la ciudad por sus ciudadanas. Desde que Suzanne Lacy en 1977 realizó la obra *Three Weeks in May*, donde expuso las violaciones denunciadas en Los Ángeles durante un período de tres semanas en mayo de 1977 —la primera de una serie de acciones a gran escala de Lacy sobre la violencia contra la mujer—, hasta la repetición de la misma en 2014 con diferentes propuestas y soportes, el *artivismo* ha puesto sobre la mesa la violencia real y simbólica que la ciudad ejerce contra las mujeres y ha reivindicado otro modo de habitar la ciudad. El movimiento «guerrilla Knitting» es una respuesta al mundo dominado por los hombres del *street-art* y el grafiti. El tejido y el ganchillo, asociados generalmente con el trabajo de la mujer en entornos privados, y la idea de la mujer como ama de casa invaden la ciudad como apropiación y resignificación de espacios. En muchas ciudades se ha iniciado una labor activa de recuperación de la memoria de las mujeres a través de recorridos activos que rastrean sus huellas, como *Zaragoza, la ciudad de las mujeres,* o *Madrid, ciudad de las mujeres,* que forma parte de un proyecto europeo, «Divercity», que dio como resultado una app asociada a vídeos que ponen de relieve el papel de las mujeres en la ciudad, como colectivo e individualmente. Asimismo, a través del tejido social se exige un cambio de planteamiento de las ciudades como espacios cuidadores, sostenibles, adaptados a las necesidades de la diversidad de sus ciudadanas y ciudadanos.

---

[5] Blanca Valdivia, «Del urbanismo androcéntrico a la ciudad cuidadora», *Hábitat y Sociedad,* núm. 11, Universidad de Sevilla, noviembre de 2018, 79. Puede consultarse online.

Para saber más

Lecturas

McDowell, Linda, *Género, identidad y lugar,* Madrid, Cátedra, Colección Feminismos, 1999.

Sánchez de Madariaga, Inés, «Infraestructuras para la vida cotidiana y calidad de vida», *Revista Ciudades,* núm. 8, 2004, 101-133.

Valdivia, Blanca, «Del urbanismo androcéntrico a la ciudad cuidadora», *Hábitat y Sociedad,* núm. 11, Universidad de Sevilla, noviembre de 2018, 65-84. Puede consultarse online.

Material audiovisual

Documentales Madrid, ciudad de las mujeres: https://www.youtube.com/channel/UCnroLMlxJy2h4X50oYqALA y https://www.ucm.es/divercity/diversidaden-la-ciudad.

Suzanne Lacy: https://www.suzannelacy.com/performance-installation#/three-weeks-in-may-recreation/.

Textile Arts Center: http://textileartscenter.com/blog/guerrilla-knitting/.

Urbanismo Feminista para la vida cotidiana: http://www.punt6.org/.

No vemos mujeres,
sino representaciones de muñecas

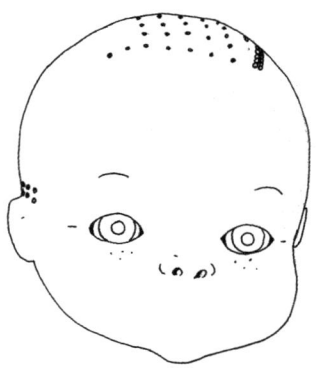

Cosificación

Asunción Bernárdez

Imaginación y realidad se funden en el entorno mediático que nos envuelve. En las pantallas vemos cuerpos humanos de todas las edades, casi todos sexuados y clasificados como «hombres» o «mujeres». Esa clasificación existe también en la vida real, pero con una diferencia: en la pantalla no vemos mujeres de carne y hueso, sino representaciones ideales que se parecen a las muñecas, mientras que las imágenes de los hombres no sufren el mismo proceso de «muñequización». ¿Por qué la feminidad se construye imaginariamente como algo artificial e inorgánico? Tal vez porque los cuerpos masculinos son lo neutro, «lo normal», lo universal, y los femeninos son lo marcado, «lo elaborado», lo particular. Joan Rivière dijo ya a principios del siglo xx que «la feminidad es una mascarada».

Que una mujer de carne y hueso parezca más o menos «femenina» es el resultado de una serie de manipulaciones sobre el cuerpo: un maquillaje que disimule las «imperfecciones» (que son ni más ni menos que las huellas del paso del tiempo); un uso limitado del espacio personal (brazos y piernas pegados lo más posible al cuerpo); una voz modulada hacia tonos agudos y bajos; una sonrisa permanente o una falta de enraizamiento corporal en la tierra a base de tacones o posturas desequilibradas. Ervin Goffman lo analizó muy bien: en las imágenes publicitarias se produce una «hiperritualización» de la feminidad, de lo que nuestra sociedad interpreta como «lo femenino». Se trata de una ficción dominante, un conocimiento social compartido de lo que entendemos por «ser mujer». Lacan y Bajtin llamaron al repertorio de imágenes generadas por la cultura «la pantalla», señalando que tienen una función normativa, y Judith Butler lo denominó también «reglamento de género»: una serie de normas implícitas de cómo debemos aparecer ante los demás dependiendo de nuestro sexo, y que en la actualidad nos llegan a través de las tecnologías de la información.

La creación de mujeres inorgánicas cuenta con una gran tradición: desde Pigmalión esculpiendo a Galatea en Grecia hasta las recientes prefiguraciones de la ciencia ficción (la serie *Humans*, 2015-2018, o el clásico *Blade Runner*, 1982), el sueño masculino de crear mujeres tiene una particularidad: son seres dóciles a los deseos de los hombres. Por eso aparecen también idealizados de una forma concreta: hipersexualizados. La tragedia representativa es en sí misma que los modelos de belleza femenina estén vinculados a la sexualización y a la muñequización.

La abundancia de cuerpos que parecen muñecas en nuestras pantallas nos recuerda que somos objetos sexuales: despersonalizados, serializados, intercambiables y cosificados. Son una representación de la vulnerabilidad a la que están sometidos nuestros cuerpos, al mismo tiempo que muestran el poder de la mirada pública masculina. Y que conste: no tiene que ser negativa la sexualización en sí misma, sino la construcción disimétrica entre «lo femenino» (inorgánico, manipulable) y «lo masculino» (orgánico, poderoso). Esta disimetría es en sí misma una forma de violencia simbólica, muy eficaz porque está inscrita en todas nuestras formas de comunicación y ni siquiera la percibimos. Y ya sabemos que la violencia simbólica es el primer paso para que se produzca la violencia física.

Roland Barthes decía que las formas son «la cara significante de la ideología». Si las muñecas son el significante de lo que en sociedad entendemos como la forma más pura de «lo femenino», ¿qué ideología de género se está prefigurando en las potentes industrias culturales? La respuesta no es muy halagüeña: la hipersexualización, la cosificación, la prefiguración de lo femenino como inorgánico está por todas partes: en las series de televisión, en los videojuegos... pero también en el tratamiento mediático que se da, por ejemplo, a las mujeres políticas.

Los medios de comunicación actuales no han inventado ese modelo de feminidad ideal encarnado en muñecas, pero lo hacen visible y lo amplifican de forma extraordinaria. La cultura *mainstream* sigue siendo elaborada por hombres que manejan de forma acrítica y conservadora la imagen de las mujeres como un elemento espectacular de dominación simbólica. Para cambiar esta realidad necesitamos la inclusión de la creatividad femenina (y feminista) en la producción cultural que muestre a las mujeres en «carne» y no como seres artificiales, y que sea capaz de descentrar el poder de la mirada masculina en la vida pública.

También necesitamos saber que no hay nada positivo en la vida real de las mujeres aceptando que la feminidad implica vulnerabilidad física, o que nuestro gran poder está en usar la belleza para conseguir nuestros fines. No es un signo de libertad la sexualización en la cultura visual, simplemente porque a los hombres no se les exige de la misma forma. El problema no consiste en mostrar el sexo, sino en utilizar la sexualización como elemento de cosificación y objetualización que marca de forma negativa, porque las hace vulnerables, sobre todo a las mujeres y a las niñas.

Para saber más

Lecturas

Bernárdez, Asunción, *Soft power: heroínas y muñecas en la cultura mediática*, Madrid, Fundamentos, 2018.
Pedraza, Pilar, *Máquinas de amar: secretos del cuerpo artificial*, Valencia, Valdemar, 1998.
Walter, Natasha, *Muñecas vivientes. El regreso del sexismo*, Madrid, Turner, 2010.

Material audiovisual

Il corpo delle donne (El cuerpo de las mujeres), documental de 25 minutos sobre el uso del cuerpo de la mujer en la televisión; https://www.youtube.com/watch?v=1teAJZE1-ark&t=259s&has_verified=1.
We #WomenNoObjects; https://www.youtube.com/watch?v=5J31AT7viqo&has_verified=1.

Tu cuerpo es un campo de batalla

Cuerpo de las mujeres en el arte

Teresa Alario Trigueros

En el año 1988, la artista estadounidense Barbara Kruger realizó una obra cuyo título se ha convertido en un lema para el feminismo: *Tu cuerpo es un campo de batalla*. Kruger hizo esta obra con motivo de una manifestación en Washington para exigir el derecho a la libertad reproductiva de las mujeres. Pero, como sucede en todas las grandes obras de arte, su mensaje va más allá del objetivo para el que se creó, trascendiendo la coyuntura para convertirse en un símbolo universal y atemporal.

Kruger utiliza un lenguaje formal tomado de la publicidad y apela directamente a toda mujer que ve esta obra. La frase que da título a esta pieza se superpone a la imagen del rostro de una mujer dividido en dos partes —positivo y negativo fotográfico— que representan la ambivalencia con que el feminismo se enfrenta a la representación de las mujeres en las artes visuales. Por una parte se reconoce la necesidad de autorrepresentación de las mujeres, y por otra alerta sobre las representaciones sexistas que han sido comunes a lo largo de la historia. Beauvoir decía que, en todas las sociedades, la mujer es vista como cuerpo, de modo que los significados sociales que se atribuyen a este condicionan su existencia. Y ciertamente, en casi todas las culturas y creencias, el cuerpo de las mujeres es un elemento fundamental sobre el que el sistema patriarcal ejerce el poder y el control a través de diversas formas de violencia, tanto físicas como simbólicas.

En la tradición filosófica occidental, el cuerpo se presenta como opuesto a la mente. Y es el cuerpo femenino el que está especialmente identificado con lo material, y no con la creatividad, la ciencia y la cultura. Un recorrido por la historia del arte nos ofrece múltiples ejemplos de imágenes de mujeres que se asocian a la naturaleza y a la fecundidad a través de su cuerpo sexuado. Mujer como vegetación, agua o tierra es una fórmula que se repite, siendo una excepción aquellas representaciones en que se busca destacar la capacidad intelectual y creativa de las mujeres.

El desnudo artístico, por esencia femenino, se ha utilizado generosamente en temas religiosos mitológicos, alegóricos o de cualquier otro tipo. Pero casi nunca los cuerpos femeninos pretenden plasmar realmente a las mujeres como sujetos, sino que son «bellos objetos» que se presentan estereotipadamente. Un objeto modelado por la mano de un artista varón —el Genio—, máximo representante de la cultura, que con su intervención controla así a la mujer-naturaleza, ofreciéndola a un espectador que se supone también masculino. En su análisis del conocido cuadro impresionista *Olimpia*, realizado por Manet, Kannet Clark decía que este desnudo era «una imagen para ser contemplada por el hombre, en la cual la Mujer es construida como objeto de deseo del otro»[1].

El cuerpo femenino se representa en muchas ocasiones en horizontal, ofreciéndose pasivo y a veces fragmentado al espectador o mostrando una extrema debilidad, incluso cercana a la muerte, pero siempre seductor. Y esta imaginería se ha mantenido hasta la actualidad, no solo en el ámbito artístico, sino en los medios de comunicación de masas. Cine, publicidad, series, etc., siguen ofreciendo cuerpos de mujer como objetos eróticos, muñecas insinuantes, pero débiles, muñecas rotas, que sirven para vender todo tipo de cosas y sobre todo unas ideas concretas de lo que es «ser mujer». Teniendo en cuenta que esta visión se vincula con los mandatos de género sobre la identidad de las mujeres —pues las imágenes les dicen lo que deben o no deben ser—, tanto en la teoría como en la creación feminista el tema de la crítica a la representación del cuerpo femenino ha sido constante, a la vez que se exploraban nuevas formas de autorrepresentarse. Las creadoras han presentado una visión más real y compleja de las mujeres, como se puede ver en las pinturas de Paula Rego, las fotografías de Cindy

---

[1] K. Clark, «Preliminaries to a possible treatment of *Olympia* in 1865», *Screen*, 1980.

Sherman o las *performances* de Ana Mendieta. En ese contexto hay que entender, por ejemplo, obras como *Poses* y otras creaciones de la artista española Yolanda Domínguez, que critica los estereotipos femeninos en la publicidad de moda, en la que año tras año se nos sigue presentando a mujeres tiradas por los suelos, jugando con una cierta banalización de la violencia de género.

Por lo tanto, como decía Lynda Nead, a pesar de que se mantiene el dominio de la cultura patriarcal, el feminismo ha facilitado nuevas formas de representación del cuerpo femenino que expresan las identidades de las mujeres, sus deseos y sus necesidades.

Para saber más

Lecturas

Alario, Teresa, *Arte y feminismo,* San Sebastián, Nerea, 2008.
Domínguez, Yolanda: https://yolandadominguez.com/.
Nead, Lynda, *El desnudo femenino: arte, obscenidad y sexualidad,* Madrid, Tecnos, 1998.

Material audiovisual

Cindy Sherman, MoMA, 2016. Pueden verse vídeos online.
El artista y la modelo, película dirigida por Fernando Trueba en 2012.
Paula Rego. 36 obras de arte, WIKIART. Puede verse online.
Poses, Yolanda Domínguez, 2011. Puede verse en vídeo en YouTube.

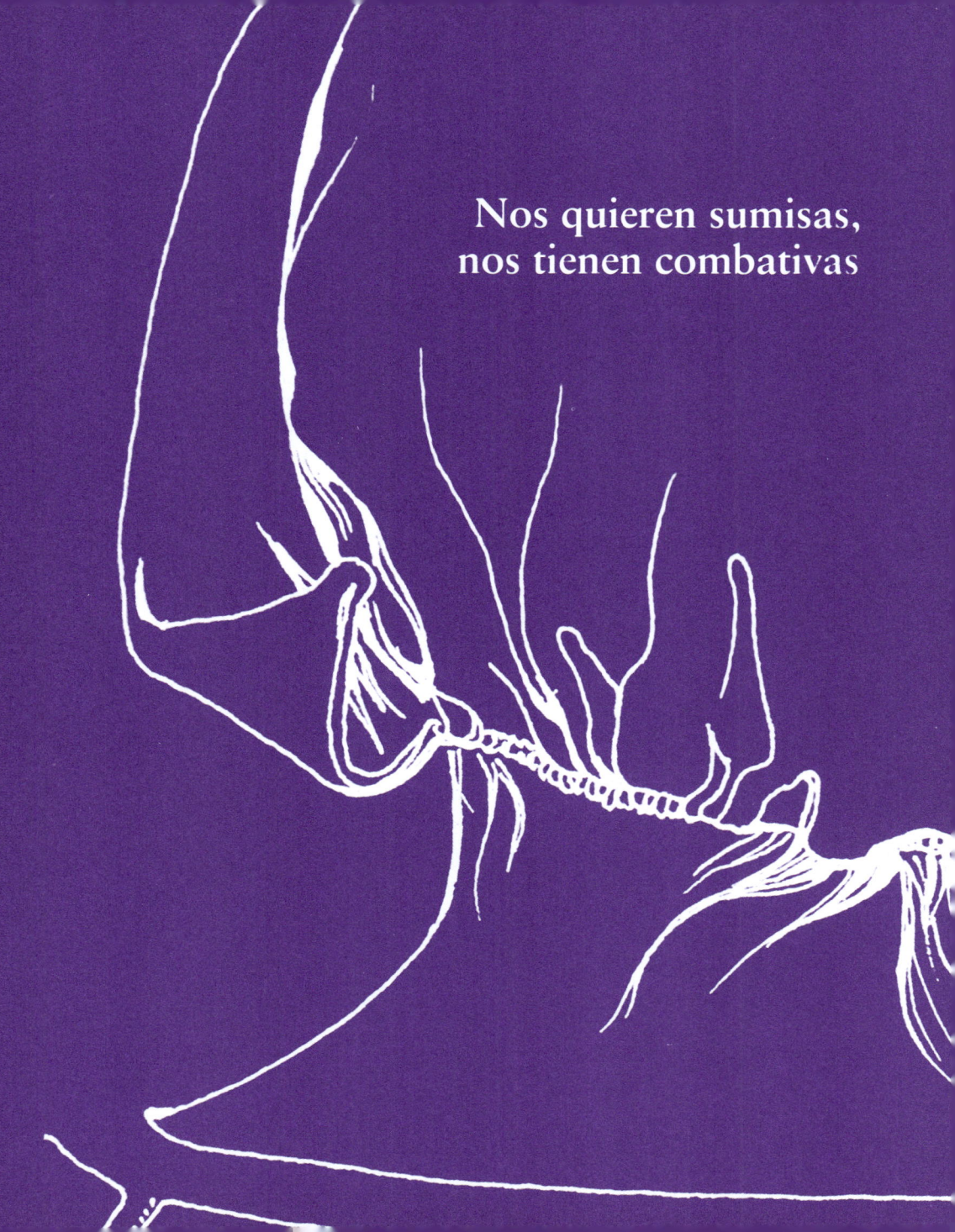

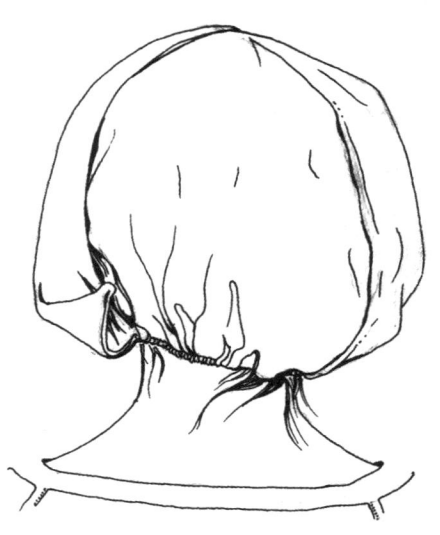

Desorden de las mujeres y contrato sexual

María Xosé Agra Romero

Una de las pancartas exhibidas en una de las numerosas manifestaciones del 8M rezaba: «Nos quieren sumisas, nos tienen combativas». Una afirmación eminentemente política que remite a la libertad de las mujeres y a su capacidad política de acción. Poniendo el foco en la cuestión de la sumisión de las mujeres, la pregunta es política y reenvía a cuáles son los argumentos, en qué descansan, para negar o recortar la plena libertad e igualdad de las mujeres en la vida política y pública, para justificar y apuntalar su sumisión; pregunta que lleva a plantear otras como: ¿acaso las mujeres no son seres políticos?; ¿son las mujeres causa de desorden, son subversivas para el orden político? En efecto, para la mayoría del pensamiento político occidental, de Grecia a nuestros días, las mujeres en realidad no son seres políticos; en virtud de su naturaleza, son más bien una amenaza, son subversivas para el orden político y, en consecuencia, deben ser excluidas o relegadas. La teórica política Carole Pateman indaga en sus textos, aplicando las lentes del feminismo sobre la vida política, sobre la democracia, la ciudadanía, la justicia, la libertad y la igualdad, sobre la diferencia sexual como diferencia política, sobre consentimiento y subordinación, sobre la legitimidad y justificación del poder político, aportándonos una visión sobre la subordinación civil y política de las mujeres, sobre los argumentos políticos de su sumisión, que sigue siendo de actualidad.

En general, dichas interrogaciones conducen a los relatos e interpretaciones, a los imaginarios, a las ficciones sobre la génesis, sobre el origen de la política, sobre la naturalidad o artificialidad de la política, y en particular a la construcción de la política moderna y a su concreción en el contrato social moderno, esto es, aquel que establecen individuos libres e iguales, saliendo del estado de naturaleza, una ficción política que sitúa a las mujeres en la naturaleza, no como seres políticos. En su ya clásico *El contrato sexual (The Sexual Contract,* 1988), Pateman nos ofrece una visión de esta potente ficción, desplegando la importante idea de que nos han contado solo la mitad de la historia. Poniendo en primer plano la diferencia sexual y la subordinación patriarcal que caracterizan al derecho político moderno, saca a la luz la otra mitad de la historia: la del contrato sexual, mostrándonos los entresijos del contrato social-sexual. Su análisis de la génesis de la sociedad política, fruto de un contrato entre individuos libres e iguales que abandonan el «estado de naturaleza», en el que disfrutan de igualdad y libertad naturales, dando lugar a una sociedad política artificial basada en la libertad y la igualdad civiles y políticas, muestra que no puede darse dicho contrato social sin contrato sexual, que la esfera pública no puede verse como una esfera separada de la esfera privada. La teoría contractual moderna, a partir del siglo XVII y de las formulaciones clásicas de Thomas Hobbes, John Locke y Jean-Jacques Rousseau, pero también en las versiones contractualistas de Kant o contemporáneas como la de John Rawls, sostiene la libertad e igualdad masculinas y mantiene oculto el contrato sexual que justifica y normaliza la subordinación femenina, la dominación de los varones sobre las mujeres, por lo que el contrato original no puede entenderse como lo opuesto al patriarcado, sino como la forma específica que adopta el patriarcado moderno.

El derecho político moderno es patriarcal, y responde a la construcción moderna de la libertad de los varones y a la subordinación de las mujeres. Pateman lo explicita al dar cuenta de que uno de los elementos decisivos que conlleva el contrato o pacto original, y que se oculta, es el contrato sexual que ratifica la sumisión de las mujeres, que ordena el acceso sexual igual de los varones al cuerpo de las mujeres. Ahora bien, el patriarcado moderno es fraternal, y solo los individuos masculinos, los varones, poseen las capacidades requeridas para llevar a término el contrato; las críticas de los teóricos contractualistas al patriarcalismo clásico de R. Filmer desvinculan el poder político del poder del padre y, por tanto, niegan su carácter natural, pero la artificialidad del contrato, basado en el consentimiento, otorga el poder político a los varones. En este contexto, es decir, en los relatos contractualistas sobre la génesis del poder político, siguiendo a Pateman, contrato e individuo son categorías patriarcales que no pueden aplicarse a las mujeres, quienes, fruto del contrato sexual, son subordinadas en el estado de naturaleza, con lo que no pueden pactar en tanto que libres e iguales, no pueden, pues, ejercer su consentimiento. En el nuevo orden político las mujeres serán subordinadas civiles, el contrato matrimonial será el vehículo para acceder a la vida pública, accederán en consecuencia «como mujeres», no como individuos libres e iguales.

Es difícil dar cuenta aquí de las complicaciones e implicaciones del contrato sexual-social tal y como lo presenta Pateman. Basta sugerir que la lectura de sus textos es fundamental para comprender los problemas de nociones como la de consentimiento y para entender cómo el contrato, los contratos (en particular los de empleo y matrimonio, pero también los de prostitución y, en su terminología, los de vientres de alquiler) no pueden ser vistos desde el prisma de relaciones libres. Sus argumentos son políticos, no morales, y de ahí su importancia y de ahí también que, como decía la pancarta, haya que ser combativas, afirmando políticamente la libertad e igualdad de las mujeres.

Para saber más

Lecturas

Atwood, Margaret, *El cuento de la criada,* traducción de Elsa Mateo Blanco, Barcelona, Salamandra, 2017.
Pateman, Carole, *El desorden de las mujeres. Democracia, feminismo y teoría política,* Buenos Aires, Prometeo, 2018.
— *El contrato sexual,* traducción de M.ª Luisa Femenías, prólogo e introducción de M.ª X. Agra, Madrid, Ménades, 2019.

Material audiovisual

El cuento de la criada, serie de televisión creada por Bruce Miller y basada en la novela de Margaret Atwood, 2017.

Diferentes pero iguales

Diferencia

Roberta Johnson

La idea de que las mujeres y los hombres son esencialmente diferentes ha sido definida históricamente, desde una perspectiva patriarcal y androcéntrica, como inferioridad de las mujeres con respecto al modelo masculino, señala María Luisa Cavana[1], mencionando a Aristóteles, Arthur Schopenhauer y Otto Weininger, entre otros pensadores. Observa que, a partir del Renacimiento, y solo en algunos autores aislados como Christine de Pizan y Agrippa von Nettesheim, emerge un discurso de defensa de las virtudes femeninas; y destaca que en el siglo XX surgen nuevas conceptualizaciones positivas con el pensamiento de la diferencia sexual de Luce Irigaray y la ética del cuidado de Carol Gilligan. Como el citado artículo no trata el ámbito hispánico, aquí me voy a centrar en el uso del concepto de «diferencia» en el feminismo español.

La historia empieza con el primer ensayo feminista «Defensa de las mujeres» (1729), en el cual Benito Jerónimo Feijoo[2] presenta una larga lista de ventajas que tienen las mujeres con respecto a los varones, entre ellas, la virtud de la sencillez. Asimismo, Concepción Arenal *(La mujer del porvenir,* 1869) argumenta

---

[1] Véase María Luisa Cavana, «Diferencia», en Celia Amorós (dir.), *10 palabras clave sobre mujer*, Estella, Verbo Divino, 1995, págs. 85-118.

[2] Benito Jerónimo Feijoo, «Defensa de las mugeres», Discurso XVI, en *Teatro crítico universal*, I, Madrid, Joachin Ibarra, 1773, págs. 325-398.

que las mujeres son moralmente superiores a los hombres —son menos impulsivas y tienen más compasión[3]. Rosario de Acuña también considera a la mujer más apasionada que el hombre[4]. En *El problema feminista*[5], Concepción Gimeno de Flaquer propone un feminismo moderado que afirma que las mujeres pueden triunfar sobre los hombres utilizando su feminidad.

En las primeras décadas del siglo XX, María Martínez Sierra abogó por un feminismo femenino. Martínez Sierra cree que las mujeres tienen todas las cualidades de los hombres —fuerza, conocimientos, lenguaje, poder— y por añadidura una cualidad que las distingue: la belleza. Carmen de Burgos ocupa una posición semejante entre el feminismo de la diferencia y el de la igualdad, ya que su postura evolucionó a lo largo de su vida.

La dictadura franquista (1939-1975) ofreció un fértil terreno para el feminismo de la diferencia, ya que el sistema legal eliminó todo lo obtenido por las mujeres durante la República: el voto, el derecho a trabajar, la independencia personal. La mujer bajo el franquismo fue considerada como menor de edad. María Laffitte (condesa de Campo Alange), en *La secreta guerra de los sexos* (1948), y su amiga Lilí Álvarez en «Feminismo y masculinismo» (1964)[6] presentan argumentos feministas desde la perspectiva de una clara división entre los sexos, y así se puede explicar que se publicaran sus ensayos a pesar de la estricta censura reinante.

En la época democrática (desde 1975 hasta el presente) se ha visto una división y hasta un debate público en España entre las feministas de la igualdad, lideradas por Celia Amorós[7], y las feministas de la diferencia, con Milagros Rivera a la cabeza, inspirada por las feministas de la diferencia italianas como Luisa Muraro[8]. Se puede encontrar una detallada historia de los argumentos y

---

[3] Concepción Arenal, *La mujer del porvenir*, Madrid, Castalia, 1993.
[4] Rosario de Acuña, *Obras reunidas*, III: *Prosa*, edición de José Bolado, Gijón, Instituto Asturiano de la Mujer, KRK, 2009.
[5] Recogido en Roberta Johnson y Maite Zubiaurre (eds.), *Antología del pensamiento feminista español*, Madrid, Cátedra, Colección Feminismos, 2012, págs. 105-108.
[6] Recogido en Roberta Johnson y Maite Zubiaurre, *op. cit.*, págs. 339-342.
[7] Celia Amorós, «La política, las mujeres y lo iniciático», *El Viejo Topo*, núm. 100, 1996, 63-71.
[8] Luisa Muraro, *El orden simbólico de la madre*, Madrid, Horas y Horas, 1994.

la evolución de este conflicto —único en los feminismos occidentales— en mi artículo «The Concept of Gender Equality in Constitutional Spain». En resumen: mientras que las feministas de la igualdad buscan la igualdad en lo exterior —en la ley—, las feministas de la diferencia, como Victoria Sendón de León y Milagros Rivera, se centran más bien en el interior de la mujer. Identifican cualidades que son particulares de la mujer y que, si se cultivaran, mejorarían la vida de las mujeres y de la sociedad en general. Argumentan con empeño en contra de la igualdad porque creen que ese concepto acepta los valores patriarcales.

Las feministas españolas de la diferencia rechazan la acción política para conseguir derechos y encuentran, sobre todo Milagros Rivera, una fuente española en la filósofa y exiliada republicana María Zambrano. Mientras que los artículos sobre la mujer que Zambrano publicó en *El Liberal* en 1928 y su libro *Horizonte del liberalismo* (1930)[9] la habrían convertido en una fuente para las feministas de la igualdad, su ensayo *Hacia un saber sobre el alma* (1934) y mucho de lo que escribió en el exilio tratan sobre el reino interior, sobre lo que Zambrano denomina «el alma»[10]. Este énfasis en el interior coincide con el concepto de las feministas de la diferencia de «partir de sí».

Para saber más

Lecturas

Amorós, Celia, *La gran diferencia y sus pequeñas consecuencias... para las luchas de las mujeres*, Madrid, Cátedra, Colección Feminismos, 2005.
Bermúdez, Silvia, y Johnson, Roberta, *A New History of Iberian Feminisms*, University of Toronto Press, 2019.
Cavana, María Luisa, «Diferencia», en Celia Amorós (dir.), *10 palabras clave sobre mujer*, Estella, Verbo Divino, 1995, págs. 85-118.

---

[9] María Zambrano, *Horizonte del liberalismo*, edición de Jesús Moreno Sanz, Madrid, Morata, 1996.
[10] María Zambrano, *Hacia un saber sobre el alma*, Madrid, Alianza, 1987, págs. 19-30.

Johnson, Roberta, «The Concept of Gender Equality in Constitutional Spain», *Revista de Estudios Hispánicos,* 44, 2010, 615-633.

Johnson, Roberta, y Zubiaurre, Maite (eds.), *Antología del pensamiento feminista español (1726-2011),* Madrid, Cátedra, Colección Feminismos, 2012.

Rivera, Milagros, *El fraude de la igualdad,* Barcelona, Planeta, 1997.

Sendón de León, Victoria, *Sobre diosas, amazonas y vestales,* Madrid, Zero, 1981.

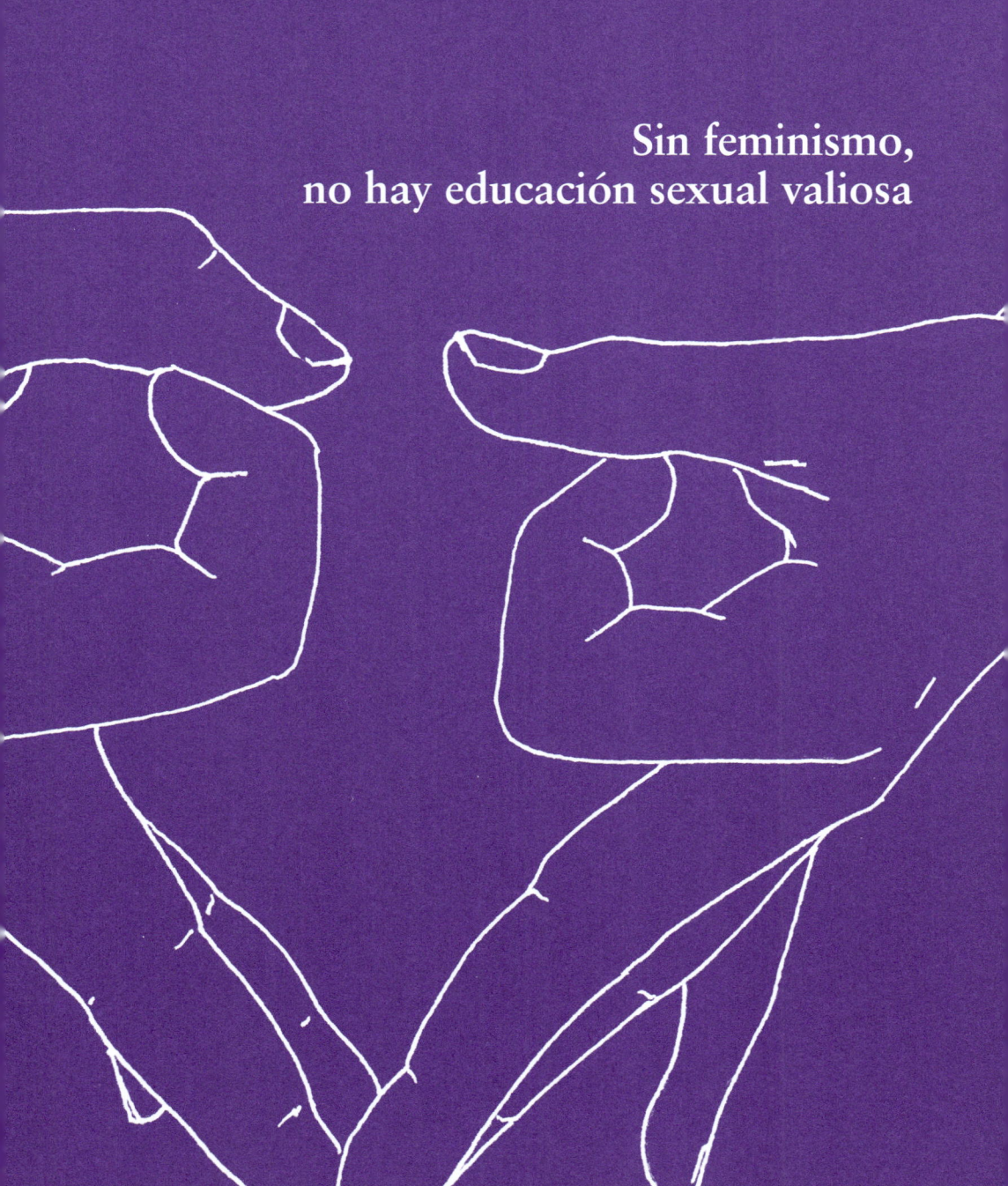

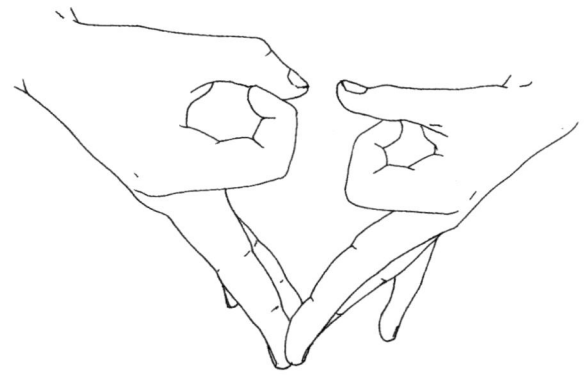

Educación afectivo-sexual

Amalia González Suárez

El concepto de educación afectivo-sexual dista de ser unívoco. Aun así, podemos definirla como aquella educación que analiza y promueve las relaciones humanas en diferentes contextos (familiares, amistosos, amorosos y sexuales) desde el principio de la igualdad entre los sexos y de la libertad y el respeto mutuo en las relaciones sexuales.

La necesidad de la educación sexual reglada aparece reiteradamente en los medios de comunicación ante noticias de conductas relacionadas con la violencia hacia las mujeres y con la homofobia y la transfobia. Tales conductas ponen de manifiesto que los avances legislativos que hemos conocido en nuestro país son solo un paso del camino hacia un cambio general de mentalidades y comportamientos.

A modo de ejemplo podemos citar el informe de la fiscal general del Estado, María José Segarra, sobre el año judicial 2018 que da cuenta del aumento de los delitos de violencia sexual respecto al año anterior. Declaró la fiscal (RTVE, 9 de septiembre de 2019):

> Existe una inequívoca tendencia al incremento de la violencia entre menores, adolescentes y jóvenes. Esta tendencia se refleja tanto en el ámbito doméstico como en las relaciones sentimentales iniciadas a una edad cada vez más temprana, y que se asientan sobre pautas de control y dominación del chico sobre la chica.

También es necesario recordar la llamada de atención de la Federación Estatal de Lesbianas, Gais, Transexuales y Bisexuales (FELGTB) sobre la homofobia y la transfobia en los centros escolares. Aporta datos de ello en lo que a las personas trans se refiere: «Un 58 por 100 de las personas trans de entre 16 y 24 años ha sufrido transfobia en el ámbito escolar y un 58 por 100 de estas víctimas asegura que el centro educativo no tomó ninguna medida [...]. Las generaciones actuales tienen un miedo que les paraliza porque los institutos te invitan a irte en vez de ayudarte». Señala el escaso apoyo que tales personas reciben del profesorado y de las autoridades y que este sufrimiento es más agudo en los centros de secundaria, y afirma que «la educación es el método más eficaz para paliar la LGBTfobia»[1].

Se trata de dos noticias que nos urgen a abordar una educación afectiva y sexual valiosa y que, según los casos, complemente o contrarreste la que está presente fuera del ámbito escolar, pues los medios de comunicación, especialmente los audiovisuales, la familia y la escuela ofrecen modelos más o menos explícitos en cuanto al sexo, al género, a la sexualidad y a las identidades. Queramos o no, educación sexual siempre la hay. Las dos noticias arriba señaladas responden a una determinada educación afectiva y sexual: a una educación sexual estructurada por el dominio y la discriminación.

La educación sexual que proponemos ha de evitar tanto «la dominación del chico sobre la chica» como la invitación «a irte» en el caso trans. Nada más ni nada menos que, por un lado, favorecer la igualdad de género eliminando los fuertes patrones sexistas que gran parte de chicas y chicos aún cumplen y, por el otro, acompañar y ayudar a las personas cuya sexualidad o identidad no se ajusta a los patrones dominantes.

Las noticias referidas más arriba muestran la necesidad de una educación sexual reglada, esto es, desde las instituciones educativas. Ahora bien, nos enfrentamos a la encrucijada de que tenemos los principios teóricos generales consensuados para afrontar la violencia contra las mujeres: la igualdad. Y también para las diferentes opciones en las relaciones amorosas y sexuales: la liber-

---

[1] *Público*, 9 de septiembre de 2019.

tad. No ocurre lo mismo con el asunto de la transexualidad si pretendemos escapar del comodín neoliberal de «cada quien que haga lo que quiera».

La educación sexual reglada ha de partir de la individualidad frente a patrones colectivos de género: mis aspiraciones profesionales, afectivas, estéticas, de proyecto de vida no tienen por qué derivarse de ser varón o mujer. Ahora bien, el cambio de sexo y/o género supone una paradoja, pues en ese caso la reivindicación de mi individualidad supone inscribirme en un sexo/género que, si bien no es el original e impuesto, no se escapa de la adscripción a unos patrones de género.

El alumnado merece una educación en la que el binomio sexo-género sea abordado desde sus diferentes formulaciones y complejidades, de modo que la individualidad de cada quien, problemática en todos los casos y difícil en algunos de ellos, tenga todos los argumentos teóricos posibles que ayuden en la práctica y opciones vitales.

Para ello necesitamos de la teoría feminista. De ella provienen las mejores tesis sobre el sexo, el género y la sexualidad. Una educación sexual ha de estar inscrita en criterios coeducativos, deudores, a su vez, del feminismo, teoría que marca la diferencia entre enseñanza coeducativa y meramente mixta. La coeducativa es aquella en la que el principio de igualdad rige contenidos de materias, organización de centro, actividades extraescolares y lenguaje; en definitiva, cuando la llamada perspectiva de género impregna cada uno de los ámbitos educativos. Y exigencia es desarrollar el feminismo y la coeducación en aras de abordar en la educación sexual la transexualidad huyendo de recetas rápidas y fáciles en beneficio de la palabra, la reflexión y los argumentos.

Para saber más

Lecturas

González Suárez, Amalia, «Coeducación: sin horario, apenas [alguna] fecha en el calendario». *Homonosapiens*, monográfico 8M. Puede consultarse online.
— «Educación afectiva y sexual en los centros de Secundaria», *Labrys*, núm. 10, Dosier España. Puede consultarse online.

Missé, Miquel, *Transexualidades. Otras miradas posibles,* Barcelona, Egales, 2013.

Urruzola Zabalza, María José, *Aprendiendo a amar desde el aula,* Bilbao, Maite Canal, 1996.

— *Educación de las relaciones afectivas y sexuales desde una perspectiva coeducadora,* Bilbao, Maite Canal, 1999.

VV.AA., *Sexualidades,* Principado de Asturias, Consejería de Salud, Consejería de Educación y Cultura, Instituto Asturiano de la Mujer y Conceyu de la Mocedá, 2019. Puede consultarse online.

VV.AA., «*Ni Ogros ni Princesas». Guía para la educación afectivo-sexual en la ESO,* Consejerías de Salud y Servicios Sanitarios y de Educación y Ciencia del Principado de Asturias e Instituto Asturiano de la Mujer. Puede consultarse online.

Material audiovisual

El diario de Carlota, película española dirigida por José Manuel Carrasco en 2010.
Precious, película estadounidense dirigida por Lee Daniels en 2009.
Queer Avengers, vídeos del canal de jóvenes *youtubers* por la igualdad de género.
XXY, película argentina dirigida por Lucía Puenzo en 2007.

Ni princesas indefensas
ni machitos violentos,
una educación feminista
para cambiarlo todo

(Manifestación 8M, 2018)

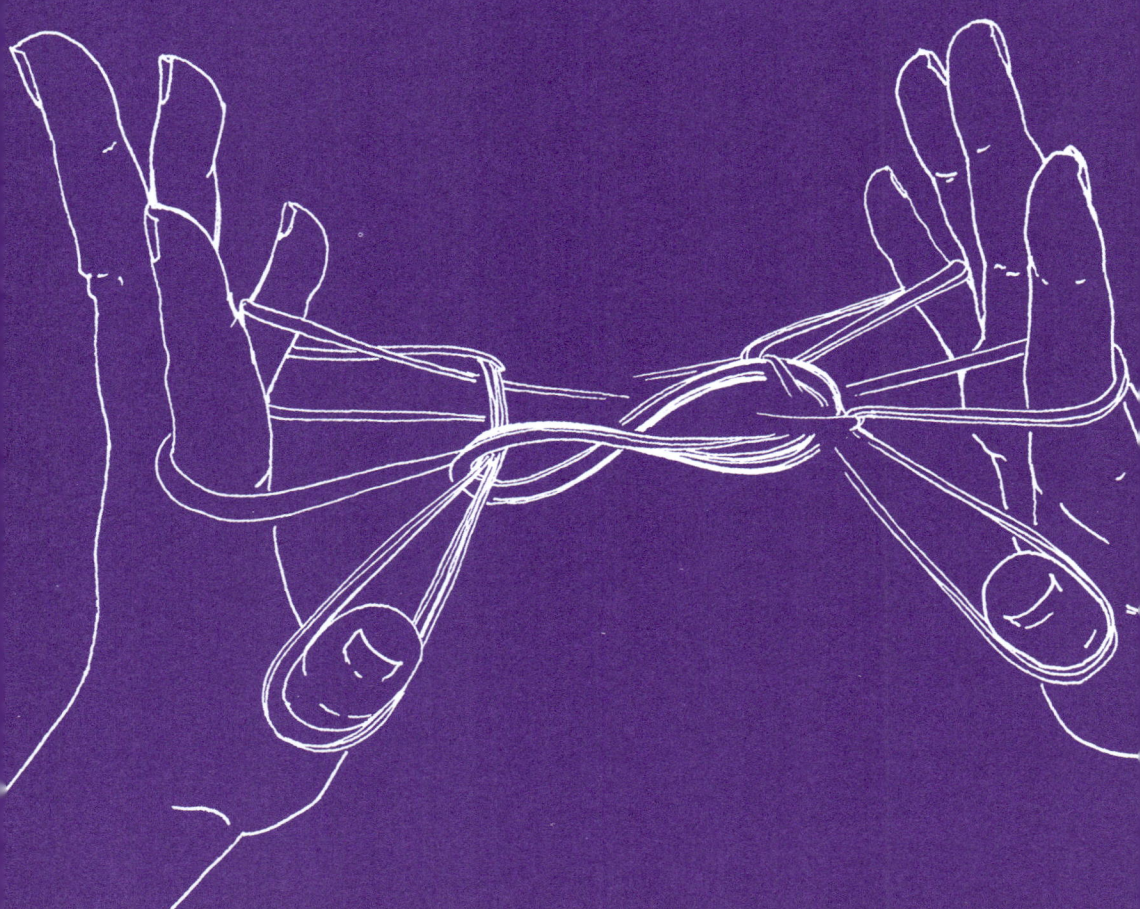

Educación feminista

Paloma Alcalá

Una educación feminista es aquella que, de manera intencionada y emancipadora, tiene como finalidad eliminar la discriminación por sexo y superar los roles de género, buscando el desarrollo de personas libres que trabajen de forma cooperativa en pos del bien común.

El derecho a la educación primero y el derecho a una educación no sesgada según el sexo después han sido quizá las vindicaciones más antiguas, percibidas por el feminismo como el arma más poderosa para terminar con la opresión de las mujeres. En el contexto actual, las mujeres participamos en el sistema educativo padeciendo la forma en que fuimos admitidas: ser incluidas en la escuela masculina como «segundo sexo». Somos protagonistas secundarias del proceso educativo y por eso nos faltan referentes y modelos dentro de los currículos, se ignora nuestra genealogía, aparecemos poco y de forma estereotipada en los libros de texto y en los cuentos, ocupamos menos espacio, se nos dedica menos tiempo y atención y seguimos ausentes en el lenguaje.

Aparentemente, para las niñas, no aceptar su rol de género no supone ningún problema gracias a que el feminismo ha ido consiguiendo que sea legítimo su derecho a la igualdad en la educación con los varones. Pero a través del proceso de transmisión de normas implícitas, valores y creencias que subyacen en las normas culturales que denominamos «currículo oculto» (Marina Subirats, 1988), normas no escritas y aprehendidas desde la familia, validadas por el profesorado y presentes en las instituciones educativas, y en la socialización, ellas asumen ser estudiantes y deportistas de segunda aunque tengan las mejores notas y los mejores resultados. La hipersexualización, la asunción de puestos de menos poder, menor prestigio y sueldos más bajos cuando ejercen una profesión aun contando con una mayor formación, la idealización del amor romántico y la obligación no escrita de asumir los cuidados relegan a las mujeres a un lugar secundario y dependiente con consecuencias sociales, físicas y psíquicas.

La masculinidad es lo universal y todo lo que hagan los hombres tiene un plus de prestigio y privilegios; por eso los niños abandonan con menos facilidad su estereotipo y les cuesta identificarse con lo menos valorado. La presión del entorno sobre los niños surge de los propios iguales, incluso en las aulas y a temprana edad. La fratría está vigilante para no perder privilegios y son los propios compañeros los que realizan más presión sobre el sujeto transgresor.

Ante este panorama, la educación feminista debería tener un discurso, como sugiere Alicia Puleo[1], que desmonte el modelo androantropocéntrico construyendo un sujeto con valores que puedan denominarse genéricamente humanos. Para ello es preciso un cambio cultural en profundidad que elimine los géneros, analizando de una forma crítica los estereotipos sexuales y sus consecuencias en la socialización de las criaturas en la escuela. Asimismo, es necesario un cambio de la relación jerárquica depredadora y de agotamiento de recursos, con la naturaleza y las otras especies en el escenario creado por la globalización.

En el contexto educativo es necesario dotar de una perspectiva feminista cada una de las acciones y actividades que se llevan a cabo y, especialmente, aquellas que, por su naturaleza, contribuyen a formar una conciencia ciudadana en el alumnado, como son la educación afectivo-sexual, la educación en valores y el diálogo intercultural que se produce en una realidad cada vez más diversa y compleja. Al mismo tiempo, se trataría de universalizar las normas que consideremos válidas para una ciudadanía que se desarrolle en libertad, teniendo en cuenta que somos seres interdependientes y con el compromiso de construcción de un bien común.

---

[1] Alicia Puleo, *Claves ecofeministas. Para rebeldes que aman a la Tierra y a los animales*, Madrid, Plaza y Valdés, 2019.

Por último, para conseguir una escuela feminista, hay que apostar por un modelo institucional dotado de presupuesto específico y personas dedicadas a este trabajo dentro del organigrama educativo. Para ello necesitaríamos una ley democrática que recogiera las reivindicaciones de una educación pública, laica, gratuita, coeducativa, con currículos feministas donde se transversalice la perspectiva de género en todas las disciplinas, como ya pedía el movimiento feminista en los años 70 del pasado siglo y lo sigue demandando en la actualidad[2].

Para saber más

Lecturas

Beauvoir, Simone de, *El segundo sexo,* Madrid, Cátedra, Colección Feminismos, 2017.
Dale Spender, Elizabeth, *Aprender a perder: sexismo y educación,* Barcelona, Paidós, 1993.
De Blas, Alicia, *71 propuestas para educar con perspectiva de género,* Madrid, FUHEM, 2018.
De Miguel, Ana, *Neoliberalismo sexual. El mito de la libre elección,* Madrid, Cátedra, Colección Feminismos, 2015.
Educando en Igualdad, Materiales para trabajar en el aula FETE.UGT. Puede consultarse online.
Feminario de Alicante, *Elementos para una educación no sexista. Guía didáctica de la Coeducación,* Valencia, Víctor Orenga, 1987. Puede consultarse online.
Ideas para una escuela con perspectiva de género, Feccoo. Puede consultarse online.
Maletín de coeducación para el profesorado, Fundación Mujeres, Coeducación, Instituto Andaluz de la Mujer. Puede consultarse online.
Orientación y coeducación para la igualdad, Emakunde. Puede consultarse online.
Propuestas para educar en igualdad de género, Monográfico 357, Educaweb. Puede consultarse online.
Proyecto Nahiko, Emakunde. Puede consultarse online.

---

[2] Manifiesto y Argumentario 8M 2018; http://www.feministas.org/IMG/pdf/contenidos_8m-2.pdf.

Subirats, Marina, *Coeducación, apuesta por la libertad,* Barcelona, Octaedro, 2017.
Valcárcel, Amelia, *Feminismo en el mundo global,* Madrid, Cátedra, Colección Feminismos, 2013.

Material audiovisual

It's a girl, documental, 2012.
La bicicleta verde (Wadjda), película saudí dirigida por Haifaa al-Mansour en 2012.
Pago justo, película británica dirigida por Nigel Cole en 2010.
¿Qué coño está pasando?, documental, 2019.
Una segunda madre, película brasileña dirigida por Anna Muylaert en 2015.
Unbelievable (Creedme), miniserie, 2019.
Vida perfecta, miniserie, 2019.

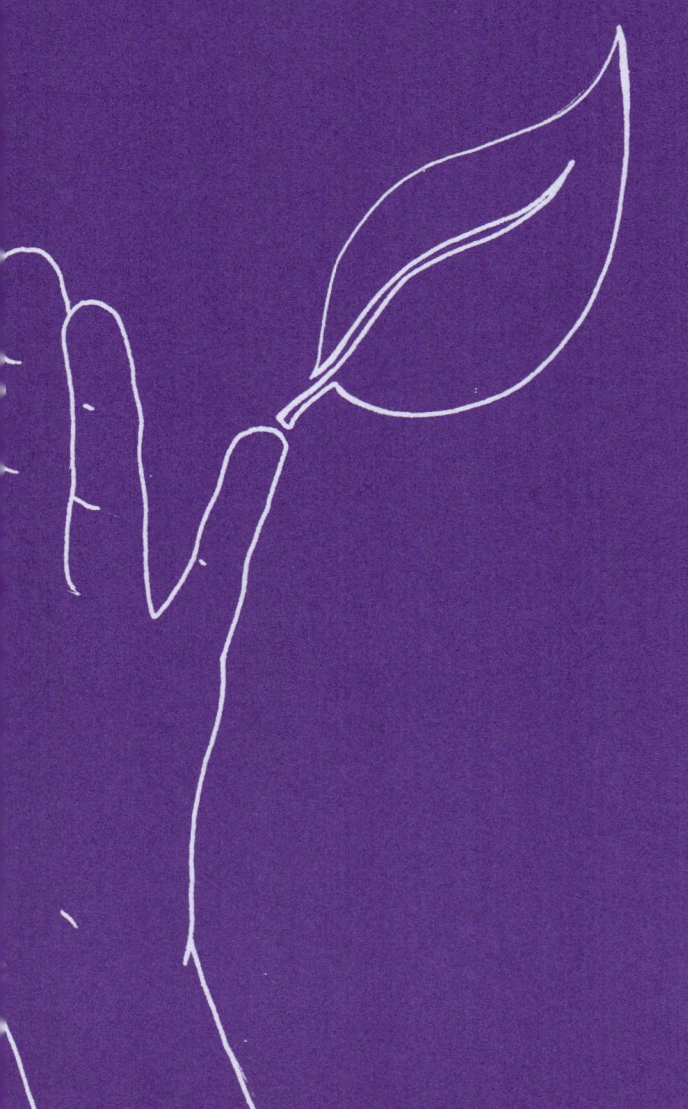

No hay planeta B

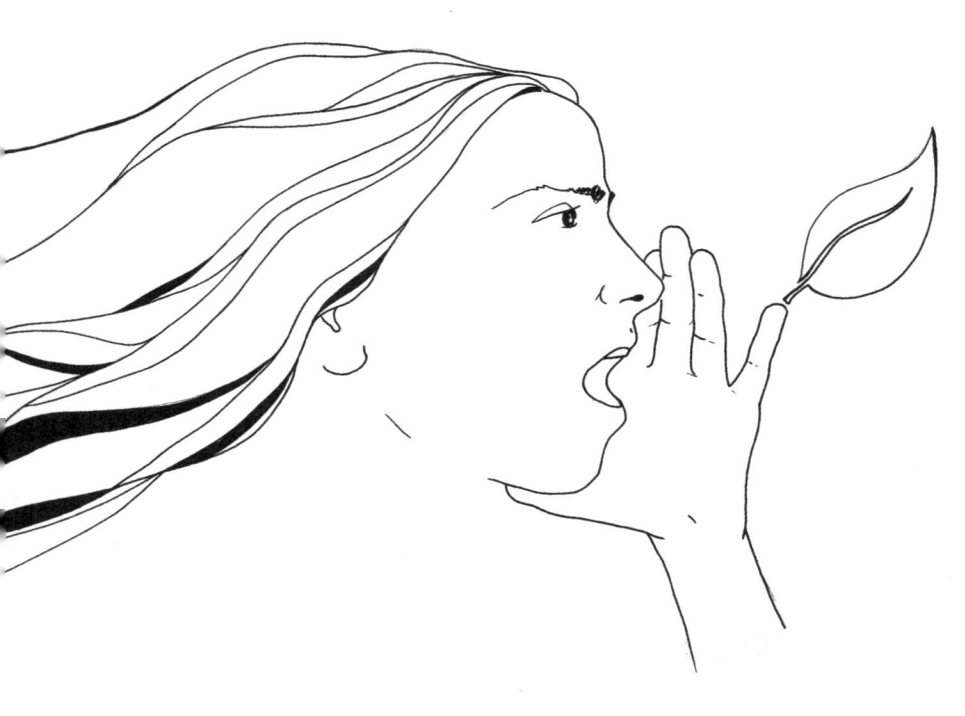

Emergencia climática

Dina Garzón

Emergencia climática es una «declaración de intenciones» aprobada por diferentes entidades y administraciones locales, regiones, islas, Estados, países y organizaciones internacionales y promovida por la necesidad de diseñar acciones de urgencia tendentes a mitigar los efectos del cambio climático. Este movimiento tuvo su inicio en 2016 en Australia tras el acuerdo de París. Una de sus medidas principales es la de asumir las «emisiones de carbono cero» en un horizonte temporal que difiere dependiendo del grado de implicación de quienes la promueven. Organizaciones ecologistas históricas y de nuevo cuño coinciden en la necesidad de que los gobiernos tomen conciencia de la crisis ambiental que estamos viviendo y se involucren en actuaciones tendentes a revertirla.

Estas reivindicaciones no nos pillan de nuevas a las ecofeministas, que llevamos años reclamando una nueva forma de estar en el mundo: como feministas, recorriendo ese justo y largo camino hacia la ansiada igualdad entre las mujeres y los hombres; como ecologistas y animalistas, soñando con que la empatía y la compasión sustituyan a la crueldad y a la opresión, y deseando un mundo en el que entendamos que, como seres ecodependientes, nuestra supervivencia está ligada al equilibrio y a la salud de los ecosistemas en los que habitamos.

En los últimos años, esta dualidad nos ha provocado sentimientos agridulces. Como feministas, somos conscientes del momento histórico que nos ha tocado vivir. Vemos con emoción cómo las jóvenes han abrazado masivamente el feminismo convirtiéndolo en un movimiento global y planetario en el que mujeres de todas las etnias y condiciones se rebelan contra el acoso y las agresiones sexuales sin excepción geográfica. Como ecologistas, en cambio, vivimos tiempos de desesperación. La ciencia nos envía mensajes de alarma sobre la situación de creciente deterioro del planeta, y ha ido adoptando una postura cada vez más clara y activa ante la crisis ecológica. Un ejemplo de ello es la declaración que a finales de 2019 publicaron 11.000 científicos de 153 países en la que advertían de que un «incalculable sufrimiento humano motivado por el cambio climático será inevitable». Igualmente impactante fue a mediados de 2019 el informe de la Plataforma Intergubernamental sobre la Biodiversidad y los Servicios Ecosistémicos (IPBES), que sostiene que estamos viviendo un «declive sin precedentes» de la biodiversidad en la historia de la humanidad. Junto a la desesperación, sentimos además la frustración de observar que desde las instituciones se vive de espaldas a esta realidad. Nos preguntamos por qué la ciudadanía no se moviliza masivamente y presiona para que los gobiernos tomen medidas que contrarresten esta inercia ecocida y ecosuicida. Este estado de abatimiento se agrava entre las personas animalistas, expuestas al sufrimiento de sentir empatía más allá de los límites de nuestra propia especie. La pérdida de biodiversidad y el trato cruel hacia la mayoría de los animales no humanos nos infligen un dolor difícil de soportar.

El año 2019 ha sido, sin duda, el del despertar de la conciencia global sobre la gravedad de la crisis ecológica que padecemos. Un notable punto de inflexión fue que Amigos de la Tierra, Ecologistas en Acción, Greenpeace, SEO/BirdLife y WWF publicaron, un día antes del 8M, una nota de prensa en la que aseguraban compartir los principios del ecofeminismo, «un movimiento donde confluyen el ecologismo y el feminismo»[1]. Tras décadas de análisis transversales desde el ecofeminismo, el feminismo ha irrumpido por fin en el debate sobre las causas y soluciones a la crisis socioecológica, aportando nuevas líneas de estudio y reflexión, como los impactos del cambio climático diferenciados según el género, el fomento de los valores del cuidado o la transición energética ecofeminista. Se trata de reivindicar un rol activo y de liderazgo para las mujeres, si queremos que la especie humana continúe habitando nuestro planeta.

---

[1] Europa Press, *Las ONG ambientales apoyan las reivindicaciones y movilizaciones del movimiento feminista del 8M*. Puede consultarse online.

En el ecologismo y en los partidos políticos progresistas, encontramos intensos debates sobre la hoja de ruta «verde» que conviene seguir en el contexto geopolítico actual. La novedad es que las propuestas mayoritariamente aceptadas conciben el feminismo como uno de sus ejes troncales. Los nuevos movimientos de jóvenes preocupados por la crisis climática aceptan al ecofeminismo como compañero de viaje. A diferencia del ecologismo tradicional, que había ignorado al feminismo, entienden la transversalidad de las opresiones y las interrelaciones que se generan. Un caso paradigmático es la lucha de las mujeres indígenas en defensa de la tierra, que son un ejemplo de praxis ecofeminista ante múltiples dominaciones cruzadas.

La juventud se ha convertido en nuestra gran esperanza. No sabemos si su empuje viene dado por elevados valores éticos o por el hecho de que tienen la absoluta certeza de que sus vidas van a ser claramente determinadas por el colapso ecosocial y les mueve la rabia al comprobar la desidia de las generaciones que no vivirán todas las consecuencias de la destrucción ambiental. Quizás sea una mezcla de todos estos factores.

Con esta nueva confluencia, el feminismo y el ecologismo se complementan perfectamente en la actualidad para afrontar el nuevo reto del «ecofascismo». Muy bien podría darse, si no vamos de la mano, que el futuro nos deparase tremendas dictaduras patriarcales que nos quisieran devolver a las cocinas en pos de la salvación del planeta. Estas pesadillas distópicas están siendo ya retratadas por la cultura popular en series como *El cuento de la criada*, *Years and Years*, *Los 100* o *Black Mirror*.

La teoría ecofeminista plantea ya desde los años 70 del siglo xx la relación entre la histórica subordinación de la naturaleza y de las mujeres, ambas territorios de conquista del patriarcado. La Colección Feminismos de Cátedra, cuyo 30 aniversario celebramos, nos hizo un maravilloso regalo en 2011 con el libro de Alicia Puleo que a muchas de nosotras nos hizo encajar las piezas del puzle. Nos permitió entender que nuestro feminismo y nuestro ecologismo no eran incompatibles sino complementarios, y que si nuestra especie continúa escribiendo libros en este planeta A, porque no hay uno B, será en una sociedad feminista, ecologista y animalista donde la empatía y la cultura de paz se habrán impuesto a los valores del conquistador que están llevando actualmente a nuestra sociedad al colapso.

Para saber más

Lecturas

Alonso Saavedra, Cristina, «La transición energética será ecofeminista o no será», *El Topo Tabernario,* 2019. Puede consultarse online.

Álvarez González, Vanessa, «Mujeres tejiendo redes para articular una resistencia global ecofeminista», *Revista C8M 05,* 2019. Puede consultarse online.

Antón, Eva, «Una lectura ecofeminista de la novela de anticipación actual. Ecología y género en diálogo interdisciplinar», en Alicia Puleo (ed.), *Ecología y género en diálogo interdisciplinar,* Madrid, Plaza y Valdés, 2015, págs. 171-185. Puede consultarse online.

Instituto de la Mujer, estudio realizado por RED2RED, *Género y Cambio Climático, un diagnóstico de situación,* Madrid, 2020.

Puleo, Alicia H., *Ecofeminismo para otro mundo posible,* Madrid, Cátedra, Colección Feminismos, 2011.

— *Claves ecofeministas. Para rebeldes que aman a la Tierra y a los animales,* Madrid, Plaza y Valdés, 2019.

— «El ecofeminismo es la respuesta», *The Conversation,* 2019. Puede consultarse online.

Tapia González, Aimé, *Mujeres indígenas en defensa de la Tierra,* Madrid, Cátedra, Colección Feminismos, 2018.

Velasco Sesma, Angélica, *La ética animal: ¿una cuestión feminista?,* Madrid, Cátedra, Colección Feminismos, 2017.

Material audiovisual

Antes de que sea tarde (Before the Flood), documental de Leonardo DiCaprio, 2016. Puede verse online.

Cowspiracy. El secreto de la sustentabilidad, documental sobre los efectos ambientales de la ganadería dirigido por Kip Andersen y Keegan Kuhn, 2014.

Esto lo cambia todo. El capitalismo contra el clima, documental de Naomi Klein, 2015.

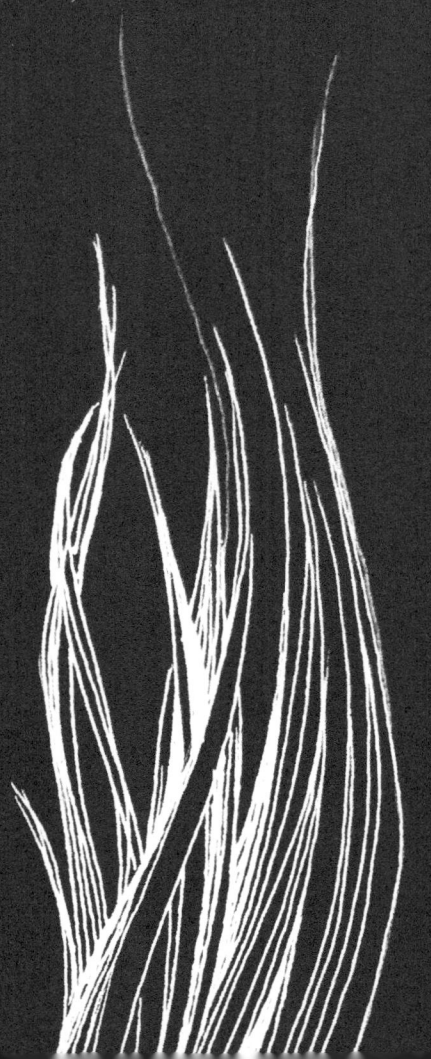

Ni sumisa ni callada,
mujer fuerte, empoderada

Empoderamiento

Luisa Posada Kubissa

El empoderamiento se entiende como proceso individual: es el proceso por el cual una mujer individual evoluciona de manera personal, hasta hacerse consciente de sus derechos y consolidar, a partir de ahí, su poder, su autoestima y su autonomía personales. Pero también se puede entender el empoderamiento como proceso colectivo: se trata entonces de aunar las subjetividades femeninas para organizarse en la lucha política por sus intereses de género. Y esto precisamente es lo que nombramos como feminismo. De modo que empoderamiento y feminismo van juntos en una historia que ya tiene más de tres siglos, desde las primeras reclamaciones de las mujeres empoderadas ilustradas hasta las últimas grandes y empoderadísimas movilizaciones feministas de los últimos 8 de marzo.

El concepto de «empoderamiento» tiene en su entraña la palabra «poder» y es una traducción literal del término *empowerment*, que quiere expresar la capacidad de otorgar poder a alguien. No se trata, hay que advertirlo, de empoderar a las mujeres desempoderando a los hombres: por el contrario, este empoderamiento, al romper las jerarquías de género, lleva a estos últimos también a liberarse de estereotipos, valores impuestos y esquemas de comportamiento y de vida propios de los códigos de la opresión patriarcal.

Como dice la filósofa y activista italiana Lidia Cirillo, hoy: «Las mujeres, algunas mujeres, muchas mujeres han comenzado a pensar en sí mismas como sujeto político de liberación porque han reconocido que su principal característica común es la opresión»[1]. Pero, para reconocernos como sujeto político de liberación, las mujeres hemos tenido que empoderarnos. En relación con el movimiento feminista, el empoderamiento se asocia en primera instancia a una red feminista en Balagore, en la India, llamada Red DAWN-MUDAR (siglas de Development Alternatives with Women for a New Era). Esta red, formada por activistas e intelectuales en 1984, se centró en el análisis de la situación de las mujeres pobres en la India y planteó la necesidad de transformar la estructura económica y política que favorecía la pobreza y la desigualdad femeninas. Y para hacerlo, promovieron la creación de organizaciones de mujeres que pudieran darse fuerza entre sí o empoderarse.

Esta red y el activismo feminista en el mismo sentido consiguieron que en 1985 la III Conferencia Mundial de Nairobi contemplase el empoderamiento como una estrategia impulsada por mujeres del Sur que podía usarse para afrontar las desigualdades de género. Y ya en la IV Conferencia Internacional de la Mujer en Pekín, en 1995, se adopta el empoderamiento como una de las estrategias fundamentales para luchar por la igualdad de género, reivindicando la plena participación de las mujeres en condiciones de igualdad en todas las esferas de la sociedad.

El gran impacto de este término en la órbita de América Latina se vincula con las ideas de Paulo Freire en *La pedagogía del oprimido* en los años 70, donde, si bien no se incorpora la perspectiva feminista, se propone un proceso pedagógico que implica el paso de la «consciencia no reflexiva» a la «consciencia crítica» como vía de liberación para los más desfavorecidos. Este proceso, que supone pasar de la persona-objeto a la persona-sujeto, se aplicó al caso de las mujeres, dando lugar a la noción de empoderamiento de estas como toma de conciencia frente a su situación de discriminación y de opresión patriarcales. Y en esa toma de conciencia desempeña un papel central la educación, ya que, como han analizado diferentes autoras[2], a mayor educación, mayor participación en todas las esferas de la vida.

---

[1] Lidia Cirillo, *Mejor huérfanas. Por una crítica feminista al pensamiento de la diferencia*, Barcelona, Anthropos, 2002, pág. 128.
[2] Entre otras, Elizabeth M. King, «Women's education in developing countries: an overview», en Elizabeth M. King y M. A. Hill (eds.), *Women's Education in Developing Countries: Barriers,*

Aunque el término sea relativamente reciente en el feminismo, el sentido del empoderamiento ha sido una constante en la historia de este ya desde sus comienzos. Así cabe leer las palabras de Mary Wollstonecraft cuando ya en 1792 escribía: «No deseo que [las mujeres] tengan poder sobre los hombres, sino sobre ellas mismas»[3].

Para saber más

Lecturas

Aguayo, Eva, y Lamelas, Nélida, «Midiendo el empoderamiento femenino en América Latina», *Regional and Sectoral Economic Studies,* vol. 12-2 (2012), 122-132. Puede consultarse online en: http://www.usc.es/economet/reviews/eers12213.pdf.
Flagg, Fannie, *Tomates verdes fritos,* Madrid, RBA, 2011.
Lagarde, Marcela, *El feminismo en mi vida,* Madrid, Horas y Horas (Cuadernos Inacabados), 2014.
León, Magdalena (comp.), *Poder y empoderamiento de las mujeres,* Santafé de Bogotá, Tercer Mundo Editores-U.N. Facultad de Ciencias Humanas, 1997 (1.ª ed.).

Material audiovisual

¿Qué es eso de empoderamiento de la mujer?, documental dirigido por K. Leniz, 14 de diciembre de 2017. CRTV; https://www.youtube.com/watch?v=atXnz6v7wV0.
Thelma y Louise, película estadounidense dirigida por Ridley Scott en 1991.

Benefits and Policies, Baltimore, MD, Johns Hopkins University Press, 1993, págs. 1-50; Maria-Carmen Guisan y Eva Aguayo, «Education, Gender Equality, Social Well-Being and Economic Development in American Countries, 2000-2010», *Applied Econometrics and International Development,* vol. 10-2, 2010, 127-139. Ambos documentos pueden consultarse online.

[3] Mary Wollstonecraft, *Vindicación de los derechos de la mujer,* Madrid, Cátedra, Colección Feminismos, 1996, pág. 193.

No se nace mujer, se llega a serlo

(Simone de Beauvoir)

Eterno femenino

Teresa López Pardina

«Eterno femenino» alude a una concepción de la feminidad como aquello que constituye la esencia de las mujeres. Se entiende, pues, como una característica innata, un conjunto de rasgos de los que seríamos poseedoras las mujeres por el hecho de serlo —por tanto, desde el nacimiento— y que se irían desarrollando y manifestando a lo largo de la vida, al menos hasta la madurez.

Según este criterio, el comportamiento de mujeres y hombres es distinto y en concordancia con la diferencia de sus cuerpos, como sucede con las especies animales cuyas conductas varían básicamente en función de su diferencia sexual.

La célebre frase «No se nace mujer, se llega a serlo» pertenece al libro *El segundo sexo* (1949) de Simone de Beauvoir, obra capital en la historia del feminismo precisamente por haber relegado a un plano secundario los condicionamientos biológicos del ser humano. Como filósofa existencialista, entendió al ser humano como proyecto, es decir, como un ser carente de esencia, como existencia, como construcción del propio ser. Somos libres en la medida en que no somos cerrados como las cosas, no estamos definidos previamente, somos seres abiertos. Así, contra cualquier presunta concepción naturalista, escribe: «La figura que constituye en el seno de la sociedad la hembra humana no viene definida por un destino biológico, psíquico o económico, sino por el conjunto de la civilización, a la cual se debe ese producto intermedio entre el hombre y el castrado que calificamos como femenino». Beauvoir denuncia que lo que se considera el «eterno femenino» no es más que un mito con el que los hombres fijan y justifican los comportamientos y los valores que ellos mismos han impuesto a las mujeres.

Por eso realiza un estudio pormenorizado de los diferentes momentos de la vida de las mujeres en nuestras sociedades occidentales, dividido en cuatro grandes partes tituladas: *Formación*, *Situación*, *Justificaciones* y *Hacia la liberación*. En las tres primeras, Beauvoir va recorriendo los diferentes momentos de la vida de las mujeres: infancia, juventud, iniciación sexual, madurez y vejez. Examina su educación en el rol que les ha sido adjudicado y los diferentes papeles que les corresponde desempeñar a lo largo de la vida: como parte de una pareja masculina (la mujer casada), como madre o en otras formas de la vida social menos generalizadas (la prostitución o la constitución de una pareja con otra mujer). *Justificaciones* incluye situaciones de mujeres que buscan reencontrarse por otros caminos menos habituales, como son el narcisismo (cultivando su propia persona como motivación primordial), la victimización o el misticismo. En la cuarta parte —titulada *Hacia la liberación*—, Beauvoir muestra, en primer lugar, cómo independizarse: mediante el trabajo remunerado, no con las tareas de ama de casa. Pero observa que, incluso cuando las mujeres tienen un trabajo asalariado, son socialmente dependientes de la moda y del buen parecer ante los demás. Podemos decir que así era en el tiempo en que Beauvoir escribe pero que continúa siéndolo también hoy. Además de la independencia económica, señala Beauvoir, es necesaria una gran evolución en el conjunto de la educación y de la cultura.

La explicación de S. de Beauvoir sobre los condicionamientos sociales de las mujeres resulta mucho más convincente que las concepciones esencialistas sobre un modo femenino de ser invariable y predeterminado. La filósofa, consecuente con su concepción existencialista del ser humano como proyecto que se autorrealiza, concibe la existencia femenina como una posibilidad de construir en libertad el tipo de vida que libremente se elija. Su obra expone diferentes posibilidades de vivirse como mujer más allá de los estereotipos del eterno femenino.

Para saber más

Lecturas

Beauvoir, Simone de, *El segundo sexo*, prólogo de Teresa López Pardina, Madrid, Cátedra, Colección Feminismos, varias ediciones.

López Pardina, Teresa, *Simone de Beauvoir. Una filósofa del siglo xx*, Cádiz, Publicaciones de la Universidad de Cádiz, 1998. (Extenso estudio sobre el conjunto de la obra filosófica de Beauvoir que resalta su originalidad e independencia con respecto a la de Sartre).

— *Simone de Beauvoir (1908-1986)*, Madrid, Ediciones del Orto, Biblioteca Filosófica, 1999. (Breve aproximación a la figura y a la obra de la filósofa francesa; incluye textos escogidos de los ensayos de Beauvoir).

Sánchez, Cristina, *Simone de Beauvoir. Del sexo al género*, Shackleton Books, 2019.

Material audiovisual

Informe semanal. Adiós a Simone de Beauvoir, vídeo, 1986. Puede verse online.

Simone de Beauvoir, ¿por qué soy feminista?, entrevista subtitulada en español. Puede verse online en YouTube.

Cuidados para la vida, autocuidados para vivir

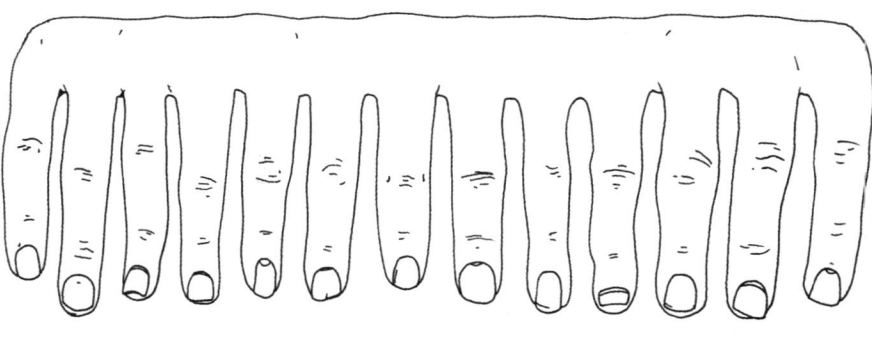

Ética del cuidado

Angélica Velasco Sesma

La ética del cuidado (*Care Ethics*) es una corriente de la filosofía moral surgida a finales del siglo XX que se centra en las virtudes de la compasión y el cuidado y subraya que se han menospreciado porque son valores propios de la experiencia histórica de las mujeres en el ámbito doméstico. Cuando prestamos atención a las cualidades humanas, ¿qué valoramos más? ¿Entendemos que lo que nos constituye como personas es la autonomía, la libertad y la capacidad racional? ¿Apreciamos por encima de todo nuestra autosuficiencia, la independencia y la competitividad? ¿O, por el contrario, asumimos que lo realmente valioso son nuestros sentimientos bondadosos, nuestra capacidad de amar y de cuidar, nuestra vulnerabilidad e interdependencia? ¿Qué importa más, la justicia y la imparcialidad o la responsabilidad, la contextualización y el cuidado? Dado que estás leyendo este libro, lo más probable es que entiendas la importancia vital de las tareas del cuidado y que aceptes la centralidad de principios como la compasión, la responsabilidad por los otros y la empatía. No obstante, a lo largo de la historia, tanto los sentimientos como la preocupación por los demás han sido elementos despreciados. No nos sorprende que se hayan visto como inferiores precisamente porque son cualidades asociadas a las mujeres. Así, a pesar de que la bondad, el amor, la vulnerabilidad, los sentimientos y el cuidado sean componentes esenciales de la humanidad, tradicionalmente han sido entendidos como debilidades, componentes del carácter femenino. Se ha establecido que lo que realmente importa es la razón, el pensamiento abstracto, la autonomía, la independencia. Solo estas cualidades son esenciales para triunfar en el ámbito público. Y son aquellas que ha valorado la filosofía moral hegemónica, centrada en la justicia como principio moral fundamental.

Estas consideraciones nos permiten acercarnos a la ética de la justicia y la ética del cuidado. La ética de la justicia establece que la forma correcta de enfrentarnos a los dilemas morales es a través de un procedimiento formal y abstracto, argumentando de acuerdo con principios universales y sin dejarnos guiar por nuestros sentimientos particulares. Así, si nos enfrentamos al dilema de si un hombre debe o no robar el único medicamento que puede salvar la vida de su esposa enferma porque no puede pagar su elevado precio y el farmacéutico se niega a rebajarlo[1], el razonamiento moral adulto sería algo así: «Debería robar el medicamento porque el valor de la vida es superior al valor de la propiedad». Reflexiones como «El hombre debería comunicarse con el farmacéutico para hacerle entender lo importante que es su esposa para él» o «Él quiere a su mujer y hará todo lo posible por cuidarla, aunque eso implique robar» no serían propias del razonamiento moral adulto según este tipo de ética. Para razonar como una persona adulta habría que argumentar desde la justicia, la imparcialidad y los derechos. Pero ¿es esta la única manera correcta de argumentar al enfrentarnos a los dilemas morales? ¿Los argumentos que dan importancia al amor, al cuidado, a la responsabilidad y al contexto son argumentos menos válidos? Estas son algunas de las preguntas que se hicieron Carol Gilligan, Sarah Ruddick o Nel Noddings, entre otras. Gilligan, pionera en la teorización de la ética del cuidado, emprendió una serie de estudios que le llevaron a concluir que, además de la ética de la justicia, existe una ética del cuidado centrada en el contexto particular y en el convencimiento de que las personas son vulnerables e interdependientes, no seres exclusivamente autónomos. Observó que las mujeres tendían a razonar de acuerdo con los principios del cuidado mientras que los hombres argumentaban de acuerdo con principios abstractos de justicia. Señaló que esta diferenciación no se debía a la biología, sino a la educación diferencial y al mantenimiento de los roles de género, que habrían generado unas característi-

---

[1] Este dilema es conocido como el dilema de Heinz. Véase Lawrence Kohlberg, *The Philosophy of moral development*, San Francisco, Harper and Row, 1981.

cas específicas en hombres y mujeres, de forma que ellos se centrarían más en los derechos, y ellas, en los valores del cuidado. No se establece, en ningún caso, que las mujeres tengan una esencia cuidadora por naturaleza.

Desde la ética del cuidado, se atiende a la responsabilidad para con el resto de individuos que, en tanto que vulnerables, precisan de ayuda y cuidados. Se habla desde el amor, la responsabilidad y la no violencia, atendiendo en todo momento también a las necesidades de la persona que cuida. El cuidado no es abnegación y autosacrificio. La ética del cuidado exige el cuidado de una misma.

La ética del cuidado ha sido vista tradicionalmente como propia de las mujeres. Son ellas las que cuidan y quienes tienden a razonar desde los valores de la compasión. Sin embargo, cuando se acepta que los cuidados son esenciales para el mantenimiento de la vida y que cuidar es una actividad humana, no femenina; cuando los cuidados se universalizan y son llevados a la práctica también por los hombres, la ética del cuidado pasa a ser una ética feminista y democrática. Ahora se entienden como valiosos aquellos principios despreciados por el pensamiento patriarcal y se defiende que los hombres se responsabilicen también de los individuos dependientes y de las necesidades de los demás.

La ética del cuidado complementa a la ética de la justicia incluyendo la atención a las particularidades y los sentimientos de compasión, imprescindibles si aceptamos la realidad de que somos individuos vulnerables e interdependientes que necesitamos cuidados, apoyo y amor. No es de extrañar que el ecofeminismo haya puesto en un lugar central el cuidado y la idea de la interdependencia, que ahora sería también interdependencia con la naturaleza y con el resto de animales.

Para saber más

Lecturas

Camps, Victoria, *El siglo de las mujeres,* Madrid, Cátedra, Colección Feminismos, 1998.
Chacón, Dulce, *La voz dormida,* Madrid, Santillana, 2002 (novela que muestra la amistad, el cuidado y el apoyo mutuo de mujeres presas en la cárcel de Las Ventas después de la Guerra Civil española).

Gilligan, Carol, *La moral y la teoría. Psicología del desarrollo femenino*, traducción de Juan José Utrilla, México, Fondo de Cultura Económica, 1985.
— «La resistencia a la injusticia: una ética feminista del cuidado», en *La ética del cuidado*, Barcelona, Cuadernos de la Fundació Víctor Grífols i Lucas, 30, 2013, págs. 40-67. Puede consultarse online.
López de La Vieja, María Teresa, *La mitad del mundo. Ética y Crítica feminista*, Salamanca, Publicaciones de la Universidad de Salamanca, 2004.
Puleo, Alicia, *Claves ecofeministas. Para rebeldes que aman a la Tierra y a los animales*, Madrid, Plaza y Valdés, 2019.

Material audiovisual

Cadena de favores, película estadounidense dirigida por Mimi Leder en 2000.
El reino apacible, documental de Jenny Stein, 2004. Puede verse online.
Mujercitas (las dos versiones fílmicas más recientes de la conocida novela de Louise M. Alcott son la dirigida por la estadounidense Greta Gerwig en 2019 y la dirigida por la australiana Gillian Armstrong en 1994).

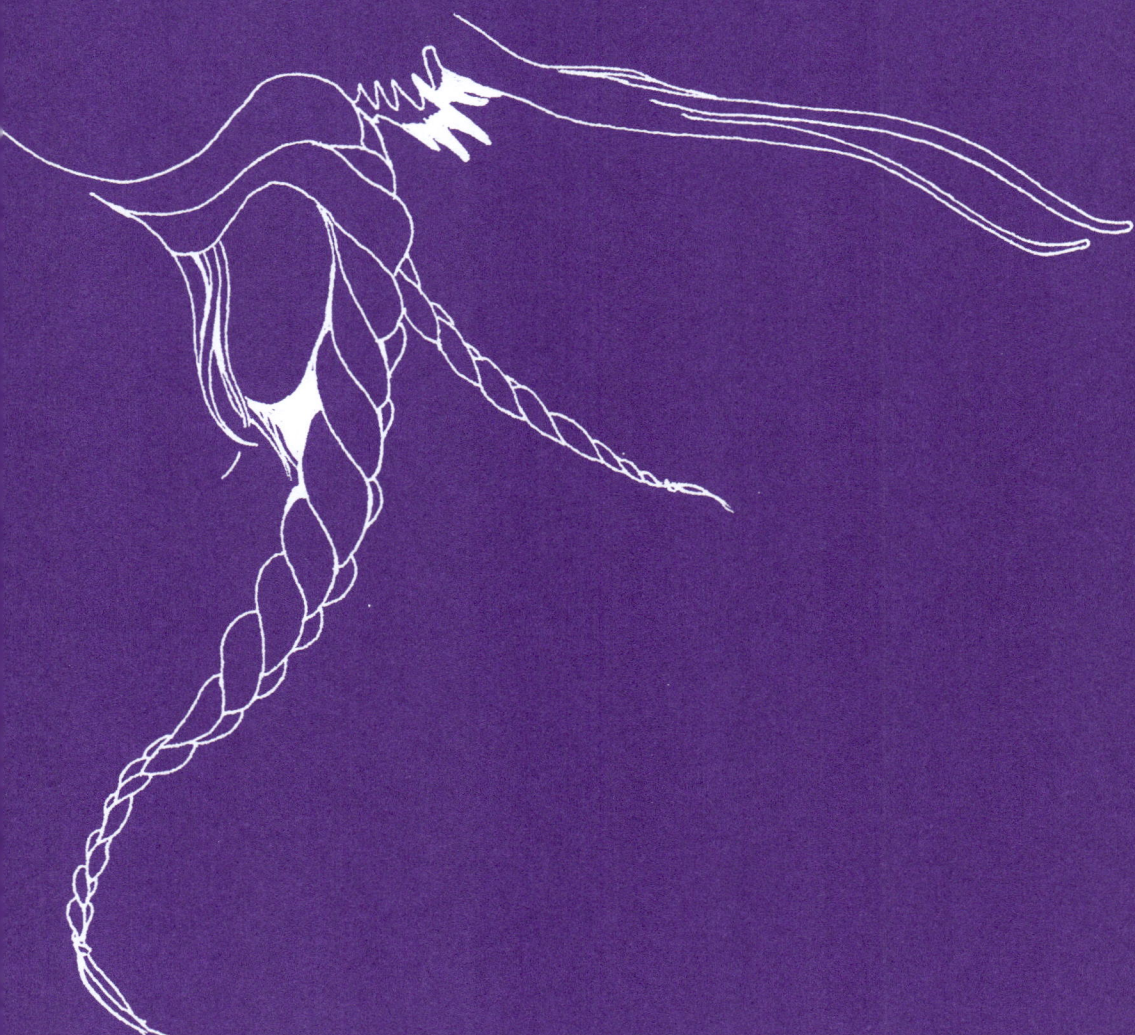

Ni la tierra ni las mujeres somos territorio de conquista

Feminismo desde Abya Yala

Aimé Tapia González

Abya Yala es el nombre con el que el pueblo kuna de Panamá designaba al continente americano antes de la llegada de Cristóbal Colón y los colonizadores europeos, y que algunas organizaciones indígenas han recuperado como una forma originaria de referirse a América en sus propios términos: *tierra plena, tierra madura.*

Berta Cáceres, líder lenca asesinada en Honduras en 2016 por oponerse a un proyecto hidroeléctrico, representa un símbolo de resistencia por los derechos de la Tierra, de los pueblos indígenas y de las mujeres, que muestra la realidad a la que se enfrentan las defensoras del territorio en Abya Yala. Durante las últimas décadas, las organizaciones de mujeres indígenas se han convertido en las protagonistas en la defensa de los territorios. Minería, agroindustria, producción de energía hidroeléctrica, proyectos petroleros y fractura hidráulica *(fracking)* constituyen algunos de los principales rostros de una industria extractiva que deja, a su paso, comunidades devastadas, pérdida de biodiversidad y agudización de las desigualdades entre mujeres y hombres. La sexta Marcha de las Margaritas, en la que participaron más de cien mil mujeres rurales de Brasil en protesta ante políticas que amenazan la sobrevivencia de los pueblos indígenas y la riqueza natural de la Amazonía, ejemplifica cómo están viviendo las mujeres campesinas, indígenas y afrodescendientes el binomio extractivismo-patriarcado en Latinoamérica.

Ahora bien, ¿por qué las mujeres son especialmente afectadas por los megaproyectos extractivos? ¿Cómo se relaciona el extractivismo con el patriarcado?

¿De qué forma conciben las defensoras de Abya Yala el *territorio*? ¿Cómo viven sus *cuerpos-territorios*? ¿Qué alternativas proponen para arribar a otros mundos posibles de justicia socioambiental e igualdad de derechos entre mujeres y hombres? ¿Qué retos plantean estas cuestiones para la solidaridad feminista internacional más allá de las diferencias étnicas y culturales?

La noción de «patriarcado», entendido como el sistema a partir del cual se articulan, refuerzan y legitiman múltiples formas de opresión, y la concepción del entramado «territorio-cuerpo-tierra» de Lorena Cabnal representan aportaciones fundamentales de los feminismos comunitarios de Bolivia y Guatemala. De acuerdo con las feministas comunitarias, además del patriarcado occidental, que se abrió paso en Abya Yala a través de las violaciones sexuales masivas de mujeres indígenas y la apropiación de los territorios de sus pueblos, ha existido un patriarcado indígena ancestral y, a partir de la colonización, ambos han operado en conjunto. En esta larga historia de pactos patriarcales las mujeres no solo han sido víctimas, sino también protagonistas de resistencias y creadoras de ética y epistemología.

La llegada de los megaproyectos extractivistas implica una intensificación de la lógica patriarcal en los territorios: una empresa, por lo general transnacional, obtiene concesiones por parte de los gobiernos nacionales. Poco tiempo después, se establece contacto casi siempre con hombres de la comunidad —pues rara vez las mujeres indígenas tienen derechos sobre la tierra— a los que se les ofrecen supuestas fuentes de empleo y «desarrollo» a cambio de las tierras. Para implementar el proyecto se suele traer a trabajadores de otras partes, porque las tareas a realizar requieren muchas manos. Pronto comienzan los estragos sobre las tierras de cultivo y las fuentes de agua, lo que imposibilita la continuidad de las economías de subsistencia, principal forma de vida para las mujeres indígenas y campesinas. Las opciones de empleo remunerado se restringen a las ofrecidas por la empresa extractiva y se dirigen principalmente a los hombres. Se multiplican las cantinas y los prostíbulos para entretener a los trabajadores foráneos, así como para paliar la frustración por la pérdida de los medios tradicionales de vida de los pobladores varones. Para las mujeres todo esto significa un recrudecimiento de la pobreza y la violencia doméstica y sexual, además de la angustia de no poder acceder al agua limpia, ver enfermar y morir a sus familiares, a la tierra y a los animales a causa de la contaminación y enfrentar una sobrecarga de trabajos de cuidado. Esto nos ayuda a comprender las razones por las que las mujeres se ubican en la primera línea de los movimientos de resistencia.

Distintas pensadoras del Sur han denunciado las formas en que operan los proyectos extractivistas, a través del debilitamiento del tejido comunitario y el despojo de conocimientos (por ejemplo, de las plantas medicinales locales) y la destrucción de las formas de subsistencia de las mujeres indígenas. Asimismo, han dado a conocer las historias de lucha de algunas defensoras que, a pesar de encontrarse en situaciones de vulnerabilidad, han sido capaces de construir alternativas a la globalización neoliberal: organización comunitaria para el resguardo de los territorios; restauración de las economías locales y los conocimientos ambientales de los pueblos; vindicación de mejores condiciones de vida para las mujeres, y reconocimiento de los saberes y experiencias desarrollados por ellas. Ante la lógica patriarcal imperante en los territorios, las mujeres indígenas y campesinas de Abya Yala tejen resistencias multicolores, y sus hilos llegan hasta las manos de quienes, aunque pertenezcan a geografías distantes, buscan también enraizarse en el tejido de la trama de la vida.

Para saber más

Lecturas

Cabnal, Lorena, *Acercamiento a la construcción de la propuesta de pensamiento epistémico de las mujeres indígenas feministas comunitarias de Abya Yala*, ACSUR, 2010. Puede consultarse online.

Cruz Hernández, Delmy Tania, «Una mirada muy otra a los territorios-cuerpos femeninos», *Solar*, año 12, vol. 12, núm. 1, 2016, 35-46. Puede consultarse online.

García Torres, Miriam; Vázquez, Eva; Cruz, Delmy Tania, y Bayón, Manuel (Colectivo Miradas Críticas al Territorio desde el Feminismo), «(Re)patriarcalización de los territorios. La lucha de las mujeres y los megaproyectos extractivos», *Ecología Política*, núm. 54, 2018, 67-71. Puede consultarse online.

Rivera Cusicanqui, Silvia, *Ch'ixinakax utxiwa. Una reflexión sobre prácticas y discursos descolonizadores,* Buenos Aires, Retazos-Tinta Limón, 2010. Puede consultarse online.

Tapia González, Aimé, *Mujeres indígenas en defensa de la Tierra,* Madrid, Cátedra, Colección Feminismos, 2018.

Material audiovisual

Hija de la laguna, documental dirigido por Ernesto Cabellos y producido por Nuria Torrent, Perú, 2015. Puede verse online.

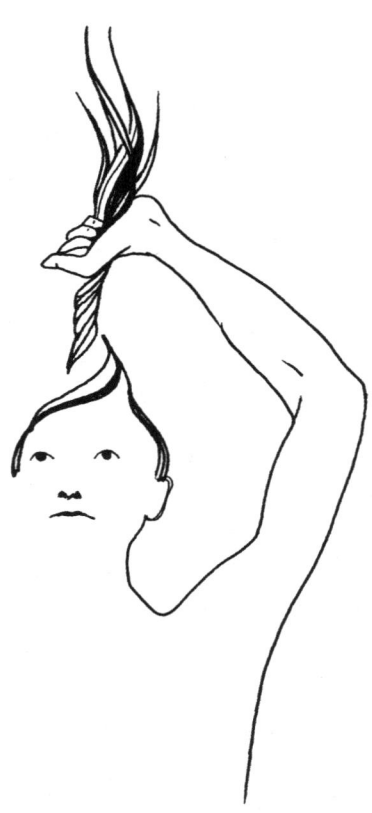

Feminismo radical

Rosalía Romero Pérez

La definición del feminismo como «la noción radical de que las mujeres son personas» se la debemos a la escritora y activista estadounidense Marie Shear, cuando en 1986 reseñaba un Diccionario Feminista que recogía nuevas definiciones de palabras, entre las cuales M. Shear añadió algunas de su propia cosecha. Marie Shear, miembro de una organización feminista liberal (NOW), conocía de primera mano lo mucho que contribuyó el amplio y diverso movimiento del feminismo radical a visibilizar la cosificación a la que las mujeres están sometidas en los diversos patriarcados. Radical hay que entenderlo en su sentido etimológico, que significa ir a la búsqueda de la raíz de la opresión; si bien bajo el término «radical» se alojan diversas sensibilidades y comprensiones teórico-feministas, hay un denominador común a todas ellas: el feminismo es la conjunción de teoría y praxis y, como señala Kathleen Barry, se dedica a la crítica teórica y a la acción política enfocada «contra las dimensiones más privatizadas de la opresión...: la medicalización de los cuerpos de las mujeres y la explotación sexual».

En todos los sistemas de dominación se encuentran discursos y prácticas políticas que los legitiman. Un recurso muy común para ello ha sido la consideración o el trato para con el grupo oprimido en cuestión como si tuviera menor rango de humanidad: en la historia existen amplios sectores de poblaciones humanas a quienes no se les ha reconocido integralmente como personas. Los sistemas de dominación —esclavista, racial, capitalista, de supremacía étnica...— han cosificado a los grupos dominados de distintas maneras, entre las que se encuentran presentarlos como seres más cercanos a otras especies animales, apropiarse de su fuerza de trabajo... No obstante, la infrahumanización puede estar velada. La activista y teórica radical Shulamith Firestone nos recuerda la vieja táctica de negar la dominación masculina recurriendo al hecho de que las mujeres también han sido, a lo largo de la historia, objeto de adoración, a lo que responde sin paliativos que «ser objeto de adoración no es sinónimo de libertad».

Sea como fuere, existen diferentes mecanismos históricos de reificación —la voz latina *res* significa «cosa»—, de despersonalización, infrahumanización u objetualización de seres humanos. Las mujeres han sufrido y sufren la cosificación como esclavas, como proletarias, como judías, cristianas o musulmanas, como integrantes de países no hegemónicos en el orden internacional y/o mundial, etc., pero no son situaciones que se den de la misma manera que en sus homólogos varones. Hay una condición previa sobre la que se asientan las demás: existir como seres con un cuerpo sexualizado. Ello significa que las mujeres no son consideradas sujetos homologables con lo humano, sino que son identificadas en virtud de su anatomía y de su capacidad reproductora. El cuerpo es el terreno de la dominación y como tal es territorio colonizado. Esta colonización puede estar legitimada por las leyes matrimoniales, como en las sociedades en las que las mujeres son propiedad privada del marido, o bien la legitimación puede ser de otra índole.

Kate Millett demuestra en *Política sexual* que «el sexo es una categoría social impregnada de política», y denuncia la cosificación en los estereotipos de mujeres presentados en conocidas novelas de la llamada revolución sexual del siglo XX. Asimismo se opone a la defensa que los novelistas Henry Miller y Norman Mailer hacen de la prostitución de mujeres y al tratamiento del vínculo entre sexualidad y violencia como algo natural y revolucionario. Así, por ejemplo, Millett destaca pasajes de las novelas de Norman Mailer en las que se hacen afirmaciones tales como que «el violador solo es violador para las personas anticuadas».

El feminismo radical se desarrolla en un tiempo histórico en el que le ha tocado señalar un nuevo orden de cosas y, por ello, sostiene que aun en sociedades donde las mujeres no son propiedad legal de sus maridos y la familia no es el lugar privilegiado de ejercicio del poder, el patriarcado recompone la opresión y actúa con mayor precisión. De este modo, prácticas ancestrales como la prostitución entran a formar parte de un nuevo modelo de desarrollo en el mundo globalizado. Los distintos tipos de violencia contra los cuerpos de las mujeres, entre los que se encuentran la violación individual y la violación en grupo, y la integración de nuevas prácticas de reproducción humana como los vientres de alquiler son ejemplos claros de cómo el cuerpo femenino es *cosificado*. Todo este conjunto de prácticas distorsiona e impide la presentación de las mujeres como grupo de personas con derechos humanos reales, reconocidos y ejercidos.

Para saber más

Lecturas

Barry, Kathleen, «Teoría del feminismo radical: política de la explotación sexual», traducción de Ramón del Castillo, en C. Amorós y A. de Miguel (eds.), *Teoría feminista: de la Ilustración a la globalización. Del feminismo liberal a la postmodernidad,* Madrid, Minerva, 2005.

Firestone, Shulamith, *La dialéctica del sexo,* traducción de Ramón Ribé Queralt, Barcelona, Kairós, 1976.

Millett, Kate, *Política sexual,* traducción de Ana María García Bravo (prólogo de Amparo Moreno), Madrid, Cátedra, Colección Feminismos, 1995.

Puleo, Alicia, «Lo personal es político: el surgimiento del feminismo radical», *Mujeres en red. El periódico feminista*. Puede consultarse online.

— «Mujeres y naturaleza», *Alfa. Revista digital de la Asociación Andaluza de Filosofía. Monográfico Filosofía, Mujeres y Naturaleza. Homenaje a Celia Amorós* (edición de Rosalía Romero), núm. 35, 2019. Este monográfico se encuentra online.

Romero Pérez, Rosalía, *Kate Millett. Género y política,* prólogo de Celia Amorós, Madrid, Sequitur, 2018.

— «In Memoriam: Kate Millett, un hito clave en la tradición feminista», *Encrucijadas. Revista Crítica de Ciencias Sociales,* vol. 17, 2019. Puede consultarse online.

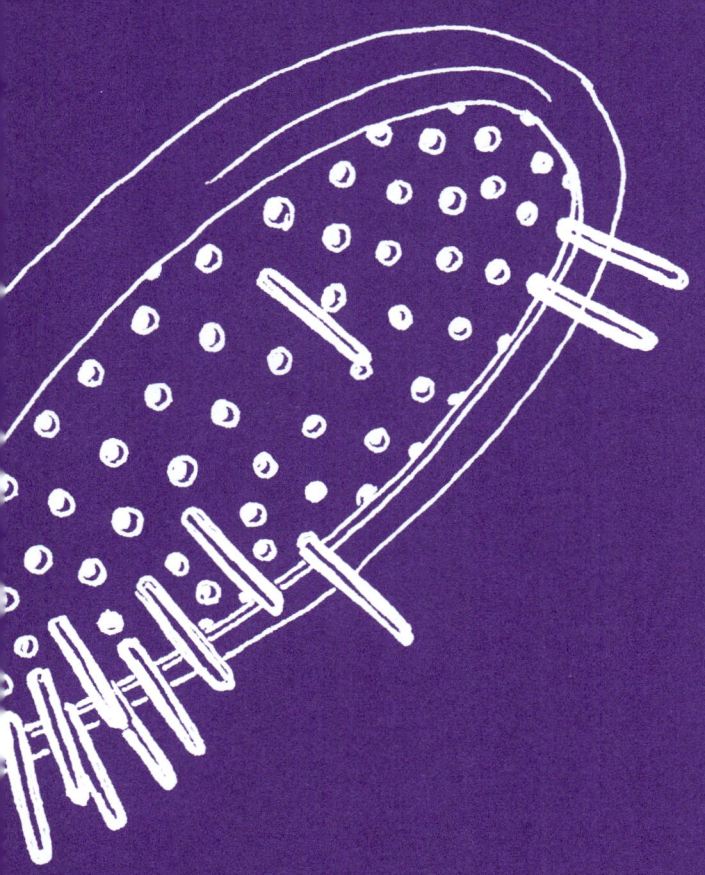

Si nosotras paramos,
se para el mundo

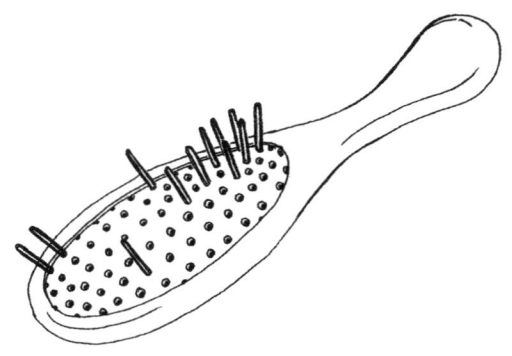

Feminización de la pobreza

Rosa Cobo

La feminización de la pobreza no es un fenómeno social reciente. Lo nuevo es que la globalización económica ha profundizado la pobreza de las mujeres a escala planetaria hasta convertirla en un rasgo sistémico de la economía global. También es nuevo que la teoría feminista ha acuñado una categoría de análisis para dar cuenta de esta nueva realidad en el marco de una creciente producción de conocimiento sobre las mujeres.

La feminización de la pobreza forma parte constitutiva del orden patriarcal. El patriarcado es un sistema de poder en el que las mujeres como genérico ocupan posiciones subordinadas, tanto en el orden económico como en el político o cultural. La consecuencia lógica de esa subordinación se traduce en indicadores de pobreza mucho mayores que los que tiene el genérico masculino. Según ONU Mujeres, «las mujeres siguen siendo infravaloradas, siguen trabajando más, ganando menos, tienen menos opciones y enfrentan diversas formas de violencia en el hogar y en espacios públicos».

Sin embargo, las causas de la feminización de la pobreza del siglo XXI son fundamentalmente tres:

1. Las políticas económicas neoliberales que se pusieron en marcha a partir de la década de los 80, a través de los Programas de Ajuste Estructural, han impuesto a los Estados la reducción de las políticas sociales, sobre todo en el ámbito de la salud, la educación y las pensiones. Observa

Saskia Sassen que el resultado es que los recortes en políticas sociales tienen efectos sobre las vidas de las mujeres, pues son ellas las que asumen las funciones de las que ha abdicado el Estado. Estas nuevas tareas se suman al trabajo reproductivo que realizan gratuitamente en el hogar y que han subsidiado el trabajo asalariado de los varones a través del trabajo doméstico y de la agricultura de subsistencia.

2. La segunda razón hay que buscarla en la precarización del mercado laboral global para las mujeres. Ellas tienen salarios más bajos que los varones, son mayoría en el trabajo a tiempo parcial, en el trabajo sumergido, en las maquilas más descualificadas y en los trabajos menos prestigiados, como también son mayoritarias en los salarios de pobreza. Como apunta Cecilia Castaño, el mercado mundial de trabajo muestra una creciente diferenciación entre una capa de trabajadores mayoritariamente varones altamente cualificados con ingresos altos y una «periferia» creciente excesivamente representada por mujeres e inmigrantes con empleos no permanentes, subcontratados, en condiciones laborales precarias y con ingresos bajos e inestables.

3. El tercer proceso que ha agudizado la feminización de la pobreza también está vinculado al capitalismo. El proceso de globalización económica impidió que diversos países, con altas tasas de pobreza y economías poco «competitivas», pudiesen integrarse en la economía global. Las élites económicas y políticas de algunos de estos países vieron en las economías ilegales —venta ilegal de armamento, narcotráfico, explotación sexual o venta de órganos, entre otros— una vía para reconstruir sus economías. Pronto repararon en la enorme rentabilidad económica que entrañaba exportar a mujeres para la prostitución. Los Programas de Ajuste Estructural y los inacabables intereses de la deuda, con la complicidad de los Estados, propiciaron la creación de unos circuitos alternativos de supervivencia como fórmula de desarrollo para sortear el desempleo, la pobreza, la quiebra de empresas y la reducción de los recursos del Estado. Por esos circuitos transitan también trabajadoras para otros sectores económicos, como el servicio doméstico, los cuidados o la enfermería. La clave es que las mujeres migrantes envían remesas de dinero al país de origen, propor-

cionando así oxígeno a las maltrechas economías de esos países. Estos circuitos semiinstitucionalizados y organizados por redes mafiosas se desarrollan mayoritariamente en el marco de la economía ilícita y se han convertido en una estrategia de desarrollo para diversos países.

Hay que señalar que las causas de la feminización de la pobreza son el trabajo gratuito, las tareas no remuneradas debido al recorte de las políticas sociales, la segregación del mercado laboral global entre hombres y mujeres y el rol descualificado que se les ha asignado a ellas, junto al papel clave en las economías ilícitas, especialmente en la industria de la explotación sexual y el trabajo doméstico, que transforma la feminización de la pobreza en feminización de la supervivencia. Por eso no es de extrañar que en las movilizaciones del 8M la feminización de la pobreza aparezca como una preocupación fundamental del movimiento feminista. Y este hecho contribuye a que el anticapitalismo sea uno de los nervios que atraviesan el feminismo en todo el mundo.

Para saber más

Lecturas

Castaño, Cecilia, «Trabajo para las mujeres en un mundo globalizado», en VV.AA., *Globalización y mujer,* Madrid, Pablo Iglesias, 2002.
Gorki, Maxim, *La madre* (novela), Madrid, Cátedra, 2015.
Leyshon, Nell, *Del color de la leche* (novela), Madrid, Sexto Piso, 2013.
ONU Mujeres, *Generación Igualdad: Por los derechos de las mujeres y un futuro igualitario,* Editorial Entidad de las Naciones Unidas para la Igualdad de Género y el Empoderamiento de las Mujeres, 2019. Puede consultarse online.
Palmer, Ingrid, «Gender Equity and Economics Efficiency in Adjustment of Programmes», en H. Afshar y C. Dennis (ed.), *Women and Adjustment Policies in the Third World,* Basingstoke, Mcmillan, 1992.
Saphire, *Push* (novela), Barcelona, Anagrama, 1998. [Hay versión cinematográfica: *Precious* (2009)].
Sassen, Saskia, *Contrageografías de la globalización. Género y ciudadanía en los circuitos transfronterizos,* Madrid, Traficantes de Sueños, 2003.

Material audiovisual

Evelyn, película española dirigida por Isabel de Ocampo en 2012.
Las invisibles, película francesa dirigida por Louis-Julien Petit en 2018.
Techo y comida, película española dirigida por Juan Miguel del Castillo en 2015.

Somos las hijas de las brujas
que no pudisteis quemar

Genealogías femenino-feministas

Carmen García Colmenares

Analizar el contexto histórico-cultural y social en el que se movieron nuestras antecesoras nos permite acercarnos a un pasado que durante mucho tiempo nos ha sido hurtado: *el pasado de nuestro presente*. No se trata de incorporar nombres de mujeres por el hecho de ser las primeras, sino de partir de un conocimiento situado que permita analizar el carácter emancipador de su legado. ¿Pero cómo reconocer ese legado emancipador? ¿Cómo recuperar ese pasado desde una perspectiva situada sin caer en genealogías patriarcales? ¿Es posible entrar en el futuro retrocediendo al pasado? Hay que reordenar fragmentos del pasado de manera que tengan fuerza en el presente[1]. Además de reparar una injusticia histórica, se recuperarían las aportaciones de las mujeres que han sido silenciadas y en las que puedan reconocerse las jóvenes generaciones. Reconocimiento nada fácil para varias generaciones de españolas a las que no se les ha contado la existencia de un pasado no tan lejano en el que mujeres de diferentes ideologías y clases sociales crearon espacios de sociabilidad femenina con el firme compromiso de conseguir los derechos de que ya disfrutaban los varones.

Debemos recordar nombres como los de Ángeles López de Ayala, digna alumna de Rosario de Acuña (nuestra Hipatia), que no duda en unirse a la espiritista Amalia Domingo Soler y a la anarquista Teresa Claramunt para crear

---

[1] Fina Birulés, «Indicios, fragmentos: Historia de la filosofía de las mujeres», en Rosa María Rodríguez Magda (ed.), *Mujeres en la historia del pensamiento*, Barcelona, Anthropos, 1997, págs. 17-31.

la primera escuela nocturna para las obreras de Barcelona en 1898, a pesar de partir de ideas tan dispares en asuntos religiosos, como espiritismo y ateísmo, y políticos, como republicanismo y anarquismo. Defensoras de una sociedad laica, entroncadas en logias masónicas, participaron en mítines, crearon escuelas laicas y fueron parte activa en asociaciones como la Liga Española para el Progreso de la Mujer, que, junto con la Asociación Nacional de Mujeres Española, formaron parte del Consejo Supremo Feminista (1919). Y es a partir de esta fecha cuando comienzan a fraguarse las relaciones con mujeres de otros países por medio de la International Women Association for Suffrage (IWAS), que, en el Congreso en La Haya de 1915, en plena guerra, sentó las bases para la unión de feminismo, sufragismo y pacifismo.

La consecución del voto femenino no ocurrió de la noche a la mañana[2]. Sin embargo, no suele mencionarse el innegable papel de las maestras republicanas como impulsoras del sufragio femenino y de la coeducación. Durante la Segunda República, fueron importantes los logros alcanzados por las mujeres, aunque desde el movimiento anarquista de Mujeres Libres se cuestionó la profundidad de estos, puesto que era necesario emancipar a las mujeres de la triple esclavitud: de la ignorancia, del trabajo y de su condición sexual. Tras la Guerra Civil, si bien desde el punto de vista cuantitativo la represión sufrida por las mujeres fue menor que la de los varones, ellas tuvieron que soportar un tipo de violencia específica (violencia sexuada y diferenciada), como es el caso de las rapadas que investigan Dolores Martín Consuegra, presidenta de la Asociación de Mujeres, Memoria y Justicia, y su equipo.

Desde los años 70 hasta el presente, van tomando fuerza voces que estaban en los márgenes, lo cual es especialmente visible en las últimas convocatorias del 8 de marzo. Queda un largo camino para reconstruir genealógicamente las relaciones de poder/saber superando los esencialismos de las visiones patriarcales, porque, como afirma Victoria Sau[3], a pesar de haber sido «huérfanas de madre, nacidas como Atenea solo de varón, irreales, cojitrancas, perdidas en un

---

[2] Concha Fagoaga, *La voz y el voto de las mujeres. El sufragismo en España 1877-1931*, Barcelona, Icaria, 1980.

[3] Victoria Sau, *Ser mujer: el fin de una imagen tradicional,* Barcelona, Icaria, 1986, pág. 68.

mar de confusiones durante milenios [...] todas las huellas no pudieron ser borradas, ni todos los rostros escondidos, ni todos los hechos ocultados»[4].

Para saber más

Lecturas

García Colmenares, Carmen, *La historia que no nos contaron de las maestras republicanas*, Concejo Educativo, 2014. Puede consultarse online.
— «Por una genealogía de contra-subjetividades alternativas», en A. Puleo (ed.), *Ecología y género en diálogo interdisciplinar*, Madrid, Plaza y Valdés, 2015, págs. 321-339. Descarga libre en versión ebook: http://www.plazayvaldes.es/libro/ecologia-y-genero-en-dialogo-interdisciplinar.
Rodríguez Magda, Rosa María, «Del olvido a la ficción. Hacia una genealogía de mujeres», en Rosa María Rodríguez Magda (ed.), *Mujeres en la historia del pensamiento*, Barcelona, Anthropos, 1997, págs. 33-59.

Material audiovisual

Bata por fora, muller por dentro, Claudia Brenlla, vídeo de 17,50 minutos. Una visión de la bata femenina desde la perspectiva simbólica de las mujeres frente al mono masculino; https://vimeo.com/118732193.
Me miras pero no me ves, María José Llergo, vídeo de 2,50 minutos. ¿Una canción en tiempos de «apropiación cultural»?
Yo soy. Memoria de las rapadas, Art al Quadrat, Valencia, MUVIIM, 2018. Vídeo de 3,31 minutos que representa el rapado como ejemplo de violencia diferenciada hacia las mujeres durante la dictadura franquista; https://www.youtube.com/watch?v=yTDipDzWHuE.

---

[4] Mi reconocimiento a las mujeres de Barruelo de Santullán y Brañosera durante la represión franquista, a las mujeres gitanas de Romí en Palencia y a tantas otras desde «el humano valor de nombre propio y no del ajeno» que en 1931 reivindicaba la inspectora-maestra Leonor Serrano.

La construcción social de los géneros
tal como nos es conocida
no es sino la construcción misma
de la jerarquización patriarcal

(Celia Amorós)

Género

Asunción Oliva

El concepto de género *(gender,* en inglés) remite a los rasgos sociales, psicológicos y culturales (actitudes, prácticas, estereotipos, normas y valores) atribuidos a cada uno de los sexos en cada sociedad y en cada momento histórico. Aparece en la teoría feminista con Kate Millett en su obra *Política sexual* (1970). Esta autora recoge la distinción entre sexo y género del psiquiatra Robert Stoller, quien en *Sex and Gender* (1968) explicaba: «El vocablo género no tiene un significado biológico, sino psicológico y cultural. Los términos que mejor corresponden al sexo son *macho* y *hembra,* mientras que los que mejor califican al género son *masculino* y *femenino;* estos pueden llegar a ser independientes del sexo (biológico)». Pero Millett liga el concepto de género al de patriarcado y al de poder. Afirma:

> Desde el punto de vista político, el hecho de que cada grupo sexual presente una personalidad y un campo de acción restringidos pero complementarios está supeditado a la diferencia de posición (basada en una división de poder) que existe entre ambos. En lo que atañe al conformismo, el patriarcado es una ideología dominante que no admite rival.

Así, *género* se convierte en una categoría analítica crucial en la teoría feminista.

El género fue considerado «como una divisoria impuesta socialmente a partir de relaciones de poder. Divisoria que asigna espacios, tareas, deseos, derechos, obligaciones y prestigio. Asignaciones y mandatos que permiten o prohíben, definen y constriñen las posibilidades de acción de los sujetos y su acceso a los recursos»[1]. Esta relación de poder determina que la subordinación de la mujer esté incluida en el concepto de género. Podemos afirmar con Celia Amorós que, en este sentido, *género* es lo mismo que *patriarcado*. Cristina Molina ha analizado el género como una «construcción del patriarcado que *produce* "lo femenino" (desde el poder de asignar y de nombrar espacios) y que, por otra parte, como categoría analítica [...] permite a las mujeres reales reconocer el carácter fundamentalmente artificial e ideológico de la construcción genérica»[2]. Por tanto, el género, así entendido, no es una categoría meramente descriptiva, es algo que tenemos que analizar para transformar. Y por ello se establece como base de una vindicación. Frente a la falsa concepción de la naturaleza diferente y complementaria de los sexos, legitimadora del reparto de identidades y de esferas (pública y doméstica), la vindicación sustenta la lucha contra la usurpación de lo universal («el hombre») por parte de una particularidad, la constituida por el conjunto de quienes ostentan el poder, esto es, los varones.

La V Conferencia Mundial sobre la Mujer (Pekín, 1995) impulsó el uso del término *gender* en el feminismo internacional. Sin embargo, ya desde la década de los 90, *género* empezó a utilizarse con otras connotaciones. Judith Butler habla de la «proliferación paródica de géneros incongruentes» como el mejor medio para destruir la «heterosexualidad normativa». Así entendido, el género pierde su relación con el patriarcado como poder sobre las mujeres y pasa a ser una seña personal de identidad que puede multiplicarse a voluntad. Por otro lado, empieza a utilizarse, en algunos contextos, de una forma eufemística que implícitamente invisibiliza la realidad de opresión de las mujeres.

Pienso que *género* tiene un sentido preciso dentro del feminismo para recordarnos que el proyecto emancipatorio de las mujeres sigue hoy más vigente que nunca. Por ello debemos seguir hablando de *violencia de género* entendida esta

---

[1] V. Maquieira, «Género, diferencia y desigualdad», en E. Beltrán y V. Maquieira (eds.), *Feminismos. Debates teóricos contemporáneos,* Madrid, Alianza, 2001.

[2] C. Molina en Silvia Tubert, *Del sexo al género,* Madrid, Cátedra, Colección Feminismos, 2003, pág. 125.

como la entiende el Convenio de Estambul de 2011 (firmado ya por 46 países) en su Preámbulo: «Reconociendo que la naturaleza estructural de la violencia contra la mujer está basada en el género, y que es uno de los mecanismos sociales cruciales por los que se mantiene a las mujeres en una posición de subordinación con respecto a los hombres…»; y más abajo, «los hombres no están expuestos a ella; porque esta violencia, para que sea calificada como tal, debe ser infligida por un hombre contra una mujer, dado que son ellos los que forman parte del grupo dominante y no las mujeres». Es decir, «violencia doméstica» es la que ocurre dentro de la familia, sea cual sea el miembro que la sufra, y la violencia de género es la causada por un hombre a una mujer por el solo hecho de ser mujer y, por tanto, subordinada a los varones. Esta distinción de conceptos es fundamental para la lucha feminista en España y en el momento actual. Creo que la teoría feminista no debe prescindir de la categoría analítica de género para realizar una crítica del sistema patriarcal, aunque estemos de acuerdo en que, una vez completada esta tarea interpretativa y emancipatoria, pueda llegar a desaparecer.

Para saber más

Lecturas

Amorós, Celia, y De Miguel, Ana, *Teoría feminista: de la Ilustración a la globalización,* vol. III, *De los debates sobre el género al multiculturalismo,* Madrid, Minerva, 2005.
Cobo, Rosa, «Género», en C. Amorós (dir.), *10 palabras clave sobre mujer,* Estella, Verbo Divino, 1995.
Millett, Kate, *Política sexual,* Madrid, Cátedra, Colección Feminismos, varias ediciones.
Molina Petit, Cristina, «Debates sobre el género», en Celia Amorós (ed.), *Feminismo y filosofía,* Madrid, Síntesis, 2000, págs. 255-284.
Puleo, Alicia, «El concepto de género como hermenéutica de la sospecha: de la biología a la filosofía moral y política», *Arbor,* 189 (763), 2013. Puede consultarse online.
Scott, Joan W., «Gender: A Useful Category of Historical Analysis», *American Historical Review,* 91, 1986. Versión castellana en M. Lamas (comp.), *El género: la construcción cultural de la diferencia sexual,* México, PUEG, 1996.

Material audiovisual

Inspirando al futuro sin estereotipos, vídeo de 2 minutos, 8 segundos. Puede verse online en YouTube.
#LikeAGirl, vídeo de 3 minutos, 18 segundos, subtitulado en español. Puede verse online.
XXY, película argentina dirigida por Lucía Puenzo en 2007.

El feminismo no es una guerra
contra los hombres,
sino contra el patriarcado

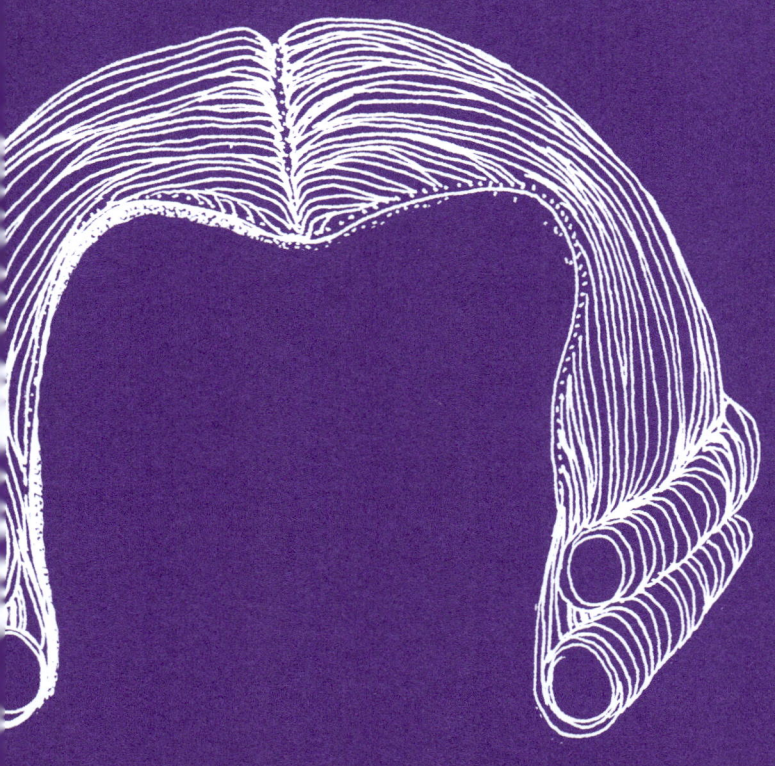

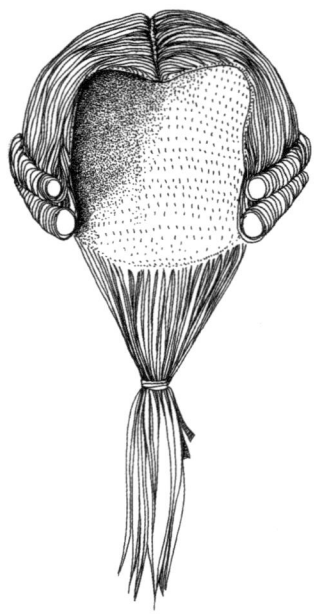

Hombres profeministas

Octavio Salazar Benítez
Iván Sambade Baquerín

Todavía hoy, en pleno siglo XXI, sigue habiendo muchos hombres que piensan que el feminismo es una guerra contra ellos. En estos tiempos en los que, ante las imparables conquistas de igualdad de las mujeres, una parte de los hombres se sienten agraviados y otros muchos confundidos, sigue siendo necesario aclarar qué es el feminismo y, en consecuencia, cuál debería ser nuestro lugar en un movimiento social y político, apoyado en una sólida tradición teórica, cuyo objetivo es conseguir un mundo en el que el sexo con el que nacemos no sea determinante de nuestras oportunidades y derechos. Es decir, la radical y profunda democratización de nuestras sociedades, la cual no será posible sin que, al fin, después de siglos de subordinación, las mujeres alcancen un estatus pleno de ciudadanía.

Ese horizonte será una utopía mientras que las mujeres, que son algo más de la mitad de la humanidad, sigan sufriendo una discriminación estructural que durante siglos ha sustentado el dominio masculino y se ha nutrido de una cultura, el machismo, que, devaluando sistemáticamente lo femenino, logra infundir un sentimiento misógino de odio hacia ellas. Definidas como «lo Otro», las mujeres han sido y son las excluidas, las que siempre han tenido que pelear por ser reconocidas como iguales. Es lógico, por lo tanto, que ellas hayan sido y sean el sujeto político del feminismo. Porque son quienes han tenido que vindicar su voz y su condición de humanas, frente a unas estructuras —el Estado, la Cultura, la Economía, la Religión, el poder en general— hechas a imagen y semejanza de los hombres. Este hecho debe ponernos sobre la pista de cuál es el papel de aquellos hombres que, sintiéndonos interpelados por el feminismo, reconocemos la justicia de sus reivindicaciones y asumimos un papel crítico y activista con respecto a nuestra masculinidad dominante. Hemos de tener muy claro que, en ningún caso, somos el sujeto de esta lucha, *sus protagonistas,* pero sí individuos comprometidos con la revolución que acabe de una vez por todas con el patriarcado.

A lo largo de la historia, ha habido hombres que han entendido y compartido la lucha de las mujeres. En la larguísima y misógina tradición occidental de pensamiento, hay notables excepciones como las de Condorcet, John Stuart Mill o el jurista español Adolfo Posada. No será, sin embargo, hasta bien avanzado el siglo XX cuando empiecen a extenderse, sobre todo en el ámbito anglosajón, estudios críticos sobre masculinidades, o cuando, de manera muy puntual, haya grupos de hombres que empiecen a posicionarse contra la desigualdad. En las últimas décadas, la movilización social contra la violencia de género ha desempeñado un papel esencial en la ruptura del silencio de algunos hombres. Tal vez ese sea el primer paso: el reconocimiento de nuestra responsabilidad en la reproducción del machismo, y con él de la violencia, lo que no debería suponer sino nuestro compromiso de acabar con el machista que todos llevamos dentro.

La revolución masculina pasa, en primer lugar, por tomar conciencia de que, lejos de ostentar el ideal de ser humano, nosotros también tenemos género, es decir, somos construidos social y culturalmente. Dado que las identidades de género se fraguan en un orden de desigualdad, esa construcción, la masculinidad patriarcal, nos coloca en un lugar privilegiado y nos socializa para el poder, inculcándonos los hábitos del dominio y la violencia. Estos hábitos están enraizados en la división del mundo a partir de binomios jerarquizados —masculino/femenino, público/privado, razón/emoción, trabajos productivos/reproductivos— en los que todo lo vinculado con nosotros tiene más valor y autoridad que lo femenino. Tomar conciencia de esta posición de poder ha de suponer, entre otras cosas, una renuncia a los privilegios, una asunción de responsabilidades en los ámbitos doméstico y familiar y la superación de una concepción del amor y la sexualidad basada en el dominio. Es una cuestión de justicia. Ahora bien, los hombres profeministas argumentamos que este cambio personal no debe entenderse como una privación, sino, todo lo contrario, como una posibilidad de crecimiento. La incorporación de la ética del cuidado, por ejemplo, no solo nos alejaría de los costes personales de la cultura antisocial del riesgo y la violencia, sino que también supondría un reconocimiento de nuestra emotividad y nuestra vulnerabilidad, condiciones humanas históricamente negadas y devaluadas por su identificación con la femineidad y que nos dispondrían hacia el trato justo y solidario con las *otras* personas.

La transformación masculina no es posible desde el mero voluntarismo personal. Requiere de nuestro apoyo e implicación en las políticas feministas. Solo de esta manera, que exige escuchar y aprender de las mujeres, y al mismo tiempo no usurpar ni su voz ni su protagonismo en la lucha, podremos llegar entre todas y todos a un nuevo pacto social. Esta debería ser la agenda prioritaria de los hombres comprometidos con el feminismo, conscientes, al fin, de que «lo personal es político», pero también de que no basta con las transformaciones individuales. Es necesaria una acción política sin la que no será posible la revolución que las mujeres llevan siglos esperando.

Para saber más

Lecturas

Bacete, Ritxar, *Nuevos hombres buenos*, Barcelona, Península, 2017.
Bonino, Luis, *Hombres y violencia de género. Más allá de los maltratadores y de los factores de riesgo,* Madrid, Ministerio de Trabajo e Inmigración, Subdirección General de Información Administrativa y Publicaciones, 2008.
Bourdieu, Pierre, *La dominación masculina,* Barcelona, Anagrama, 2005.
Fundación Cepaim, *Hombres feministas. Algunos referentes,* cómic que se puede consultar online.
Kimmel, Michael, *Hombres blancos cabreados,* Valencia, Barlin, 2019.
Lorente Acosta, Miguel, *Los nuevos hombres nuevos,* Barcelona, Destino, 2009.
Salazar Benítez, Octavio, *El hombre que no deberíamos ser,* Barcelona, Planeta, 2018.
Sambade Baquerín, Iván, *Masculinidades, Violencia e Igualdad. El (auto)control de los hombres como estrategia de poder social,* Valladolid, Ediciones Universidad de Valladolid, Serie Igualdad, núm. 5, 2020.

Material audiovisual

Azul oscuro casi negro, película española dirigida por Daniel Sánchez Arévalo en 2006.
Clonar a un hombre, documental dirigido por Iván Roiz en 2020.
Documentos TV, *Hombres*, 2006. Puede consultarse online.
El traidor, charla de Miguel Lorente, en TEDxBarcelonaWomen. Puede consultarse online.
Serás hombre, documental dirigido por Isabel de Ocampo en 2019.
Shame, película británica dirigida por Steve McQueen en 2011.
Una pistola en cada mano, película española dirigida por Cesc Gay en 2012.

Educación sexual para decidir,
anticonceptivos para no abortar
y aborto legal para no morir

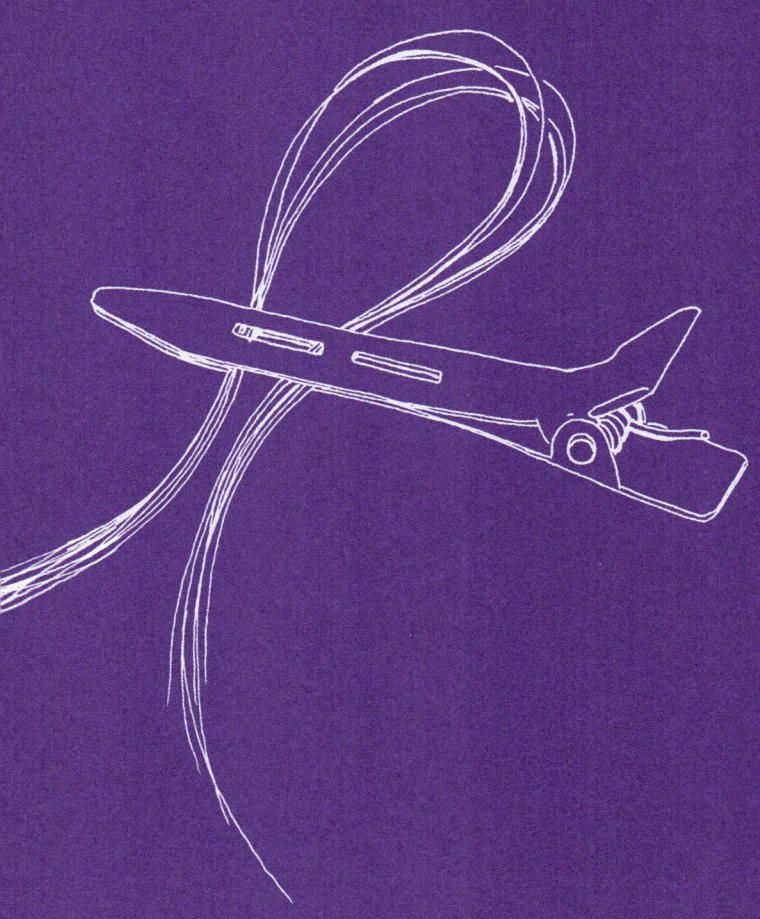

Interrupción voluntaria del embarazo

María Luisa Femenías

El lema de las feministas de América Latina que llevan adelante campañas por el derecho al aborto legal, seguro y gratuito, también denominadas «Por la interrupción voluntaria del embarazo», es: «Educación sexual para decidir, anticonceptivos para no abortar y aborto legal para no morir». Cientos de organizaciones vinculadas se encuentran a lo largo y ancho del continente; van desde Católicas por el Derecho a Decidir hasta grupos progresistas y redes informales de médicas «socorristas» que asisten a mujeres que se han provocado un aborto y que algunos hospitales se niegan a recibir. Utilizan como emblema un pañuelo triangular verde, que enarbolan en marchas y manifestaciones, generando una «ola verde». El reclamo, con el correr de los años, adquirió complejidades y pliegues teórico-conceptuales, tanto como los argumentos de la resistencia conservadora bajo el lema de defender «las dos vidas», lo que responde solo a un aspecto del problema. Tradicionalmente los argumentos en pro y en contra del aborto se han dividido entre el «derecho sobre el cuerpo propio» y el «derecho a la vida del embrión *qua* persona humana», recurriendo a tensiones de todo tipo: religiosas, morales, científicas o éticas. Con todo, las propuestas más recientes instalan el problema en el marco de la filosofía política, como una cuestión que atañe a la razón pública de la vida democrática y a los modos en que esa razón —en sociedades plurales y respetuosas de la libertad de sus habitantes— propicia normativas y jurisprudencia sobre la vida prenatal. Es decir, la «razón pública aplicada» permite desvincular problemas de índole religioso, moral, filosófico o ideológico del debate, deslindando —como lo ha hecho el pensamiento moderno— la esfera moral y la política. En consecuencia, se reconoce que cuando un grupo de individuos iguales tiene que tomar una decisión sobre una cuestión que concierne a todos, y cuando la distribución inicial de opiniones no obtiene consenso, se debe discutir, negociar o votar, por cuanto la deliberación es el modo político adecuado a través del cual debe tratarse un problema; en este caso, el aborto y el estatus del embrión. Es decir, bajo el concepto de «razón pública», el Estado es responsable de favorecer la discusión, la negociación y la votación como forma de diálogo democrático. Por ello, es preciso distinguir entre «preferir», «tener un ideal», «una creencia» y sostener una propuesta con «razón pública suficiente» en calidad de ciudadanos plenos, basada en argumentos públicamente asequibles a todos. En una sociedad democrática, la deliberación en esos términos confluye en diálogo constructivo y legitimidad política. La persistente negación de muchos Estados a impulsar, sostener y aceptar los resultados de tal debate simplemente significa desconocer la ciudadanía plena de sus habitantes en general y de las mujeres en particular, sobre todo su capacidad moral para decidir sobre sus propios cuerpos y sus proyectos de vida. La ciudadanía tutelada que ostentan muchos países lleva a las mujeres a la necesidad de organizarse para defender sus derechos apelando a su capacidad política. Incluso porque, en muchos casos, aun cuando hay leyes que reconocen el aborto en ciertos casos (violación, discapacidad de la madre, fetos anencefálicos, entre otros), alegando factores vinculados a la «objeción de conciencia», muchos médicos se niegan a efectuarlo, obligando a la embarazada o a su familia a iniciar acciones judiciales, cuyos amparos llegan generalmente tarde. Las resistencias a revisar convicciones y posiciones ideológicas y/o aceptar democráticamente la voz de la mayoría se ven sostenidas de modo encubierto por Estados que no obligan a sus instituciones a cumplir la ley (en caso de haberla) o que obturan todo debate al respecto. De este modo, una vez más, hacen pagar a las mujeres con su vida y su salud la persistencia de sus propios prejuicios.

Desde los *Tratados hipocráticos* hay estudios sobre el aborto y modos de interrupción del embarazo. Sin embargo, solo a partir del siglo XVIII muchos reinos crearon leyes que convirtieron el aborto en una cuestión legal en términos de «privación de súbdito» al monarca absoluto, adquiriendo el carácter de *cuestión de Estado*. La Revolución Industrial requirió grandes masas de obreros, y las despoblaciones producto de las guerras y sus consecuentes epidemias obligaban a repoblar; así que la «protección a la vida» se convirtió en un argumento que encubría otros intereses. Solo un debate abierto y claro de la razón pública política puede iluminar los claroscuros que rodean el tema. Pero para ello hay que llamar la atención sobre el hecho histórico de que la racionalidad pública política que se ha desarrollado e impuesto a lo largo de la historia de las sociedades occidentales —como advierte Celia Amorós[1]— es una racionalidad patriarcal. Esto debe ser denunciado, porque el cuerpo de las mujeres no puede ser la garantía de gobernabilidad y libertad de otros mientras que ellas mismas carecen de derechos plenos sobre sí.

Para saber más

Lecturas

Alanís, Marta, «Católicas en la campaña nacional por el derecho al aborto legal, seguro y gratuito», *Labrys,* 8, 2005. Puede consultarse online.

Busdygan, Daniel, *Sobre la despenalización del aborto,* La Plata, Edulp, 2013. Puede consultarse en: http://sedici.unlp.edu.ar/bitstream/handle/10915/35551/Documento_completo.pdf?sequence=1.

— (coord.), *Aborto. Aspectos normativos, jurídicos y discursivos,* Buenos Aires, Biblos, 2018.

Material audiovisual

Yo aborto, tú abortas, todxs callamos, documental de Carolina Reinoso, 2013. Puede consultarse online.

---

[1] Celia Amorós, *Hacia una crítica de la razón patriarcal,* Barcelona, Anthropos, 1985.

La opresión atraviesa el sexo, la clase y la raza

(Black lives matter)

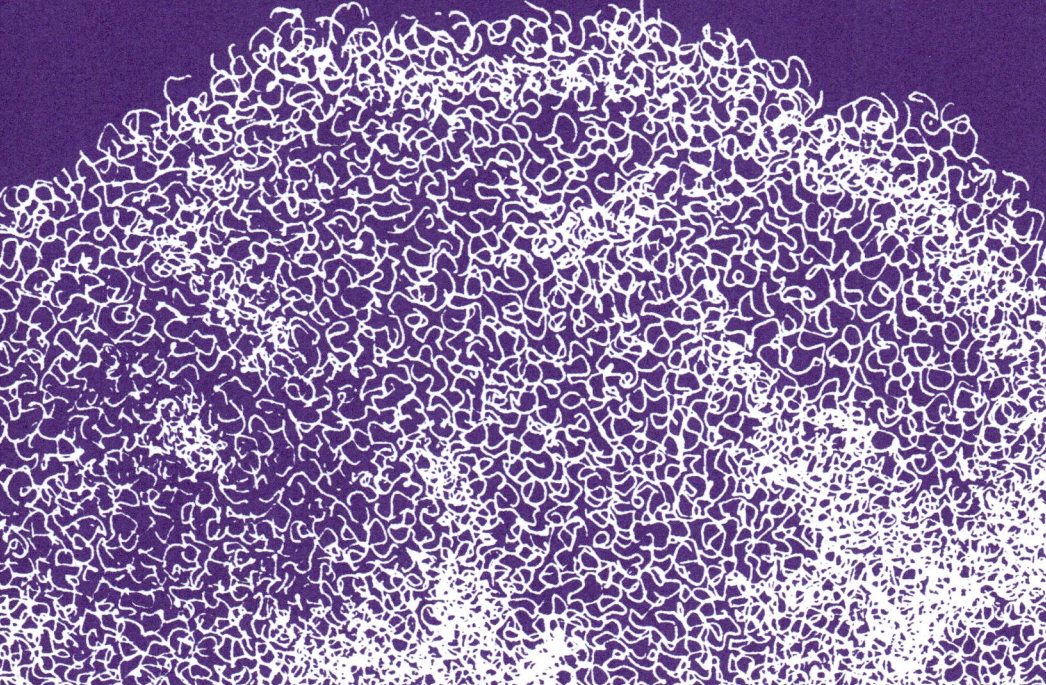

Interseccionalidad

María José Guerra Palmero

La idea de intersección de las opresiones ha ido impregnando los conceptos y metodologías de la teoría feminista desde finales de los años 80 del siglo pasado. Kimberlé Crenshaw y Nira Yuval-Davis, entre otras, han desarrollado este dinámico enfoque para afrontar las tensiones originadas por los cruces entre el sexismo y el racismo. El primer gran debate feminista de la segunda ola fue con el marxismo, y de ahí, sin usar aún la terminología interseccional, surgió la necesidad de visibilizar las dinámicas entrecruzadas de clase y género. En la historia de la teoría feminista, los desafíos del lesbianismo político, por un lado, y de las pensadoras poscoloniales, por otro, han promovido diversas concepciones de la interseccionalidad. Hoy en día, la interseccionalidad da fundamento normativo a las leyes antidiscriminación. Los motivos de discriminación suelen ser: nacimiento, origen racial o étnico, sexo, religión, convicción u opinión, edad, discapacidad, orientación o identidad sexual o cualquier otra condición o circunstancia personal o social.

En los documentos preparatorios de la Conferencia Mundial contra el Racismo de 2001, encontramos que el arribar a la intersección género-raza-etnicidad es una consecuencia del mandato de la transversalización de género en el análisis de las violaciones de los derechos humanos a las mujeres. Integrar raza y etnicidad en las dinámicas de género y en las relativas a las sexualidades era la tarea pendiente y demandada por muchos grupos de mujeres activistas. Se constataba que mujeres y hombres están afectados de formas diferenciales por los efectos de la discriminación racial y otros tipos de intolerancia. Las experiencias de las mujeres, su marginalización, además, no suelen ser visibilizadas por sus grupos de pertenencia, sino todo lo contrario. Nos encontramos ante la tarea de señalar las «diferencias que marcan una diferencia» para aislar las discriminaciones. Hay factores que incrementan la vulnerabilidad.

En 1991, aplicándolo a la violencia sufrida por las mujeres negras en Estados Unidos, Crenshaw hablaba de interseccionalidad estructural (pobreza, responsabilidades por el cuidado de los hijos e hijas y falta de formación profesional) y avanzaba cómo el estatus de dependencia de muchas mujeres migrantes era un *plus* enorme de vulnerabilidad. Pero también mostraba cómo las políticas públicas contra la violencia de género tenían sesgo de raza-etnicidad, pues las beneficiarias de las casas de acogida y albergues eran mujeres blancas. La desconfianza de las mujeres negras hacia una policía hostil las expulsaba del sistema, dado que la credibilidad de la mujer negra y el peso del estereotipo racista de la hipersexualización de esta la inhabilitaban para recibir atención tras, por ejemplo, una violación. En Dallas, un estudio longitudinal mostraba que la variable determinante en las conductas por violación era la raza de la víctima. Si había condena, la pena para el violador de una mujer blanca era de diez años; de una latina, cinco; de una negra, dos. Las mujeres latinas también eran marginadas del sistema de protección si, por ejemplo, no hablaban inglés. Crenshaw muestra que las políticas de protección de los derechos humanos de las mujeres necesitan avanzar en detectar y adaptarse a los factores interseccionales para evitar caer en un racismo institucional implícito.

Una década después, Crenshaw hablará de invisibilidad interseccional: las mujeres negras son invisibilizadas por «sobreexclusión» o «infrainclusión» en el genérico «mujeres», y así quedan opacadas. Los ejemplos que pone son cuatro. Primero, el discurso sobre el tráfico y la trata de mujeres y niñas. La mayor vulnerabilidad se correlaciona con la pobreza y la falta de oportunidades, pero también con la raza y la etnicidad. Es necesario analizar cómo se ha ido organizando un supermercado global racializado en torno al comercio sexual. El segundo es la esterilización masiva y sin consentimiento de mujeres pobres, indígenas o de color. Grupos de mujeres concretos frente al genérico femenino. Un tercer modelo viene ejemplificado por el ataque selectivo a las mujeres bosnias en la guerra de Yugoslavia o a las mujeres hutus en Ruanda. Hoy lo podemos ver, en concreto, en el Congo. El «honor» del grupo étnico es atacado violando a las mujeres, que, marcadas, quedan convertidas en parias sociales. Y, finalmente, la violencia contra las mujeres dalit, de la casta «intocable» de la India, es explicada como un ejemplo de vulnerabilidad que conjuga género, casta y pobreza.

Pertenecer a un grupo social es siempre un proceso dinámico: este es el punto de partida de Yuval-Davis. Ella va a diferenciar tres niveles analíticos en los que la pertenencia es construida. El primer nivel identifica las estructuras de opresión, señalando las localizaciones sociales. Hablamos de posicionalidad en ejes de poder gobernados por jerarquías. Estas posiciones varían y pueden ser desafiadas. Tales localizaciones no son unilaterales, sino que obedecen a múltiples cruces, con lo cual el enfoque interseccional es decisivo. Así, aunque la gente, y es el segundo nivel, opte por identificarse con una sola categoría —o mujer, o negra, o lesbiana, o musulmana—, en términos de política de la identidad y pertenencia a un grupo, el enclave interseccional que habita sigue ahí, activado y produciendo efectos: «Ser una mujer es diferente para una mujer de clase media o de clase trabajadora, para una que es miembro de la mayoría hegemónica o de una minoría racializada, para una que vive en la ciudad o en el campo, para una joven o vieja, para una heterosexual o una lesbiana»[1].

Un tercer nivel es el de los valores ético-políticos a los que nos vinculamos reflexivamente. La identidad feminista que colisiona y disiente de la feminidad normativa supone un nivel de posconvencionalidad que revoca la naturalidad y la normalidad de la narratividad, y la performatividad acuñada para las mujeres en una sociedad. La identidad cosmopolita reniega, o puede hacerlo, del constructo patria o nación y anhela otra membrecía humana y global que o bien contenga o bien contradiga la pertenencia nacional. Nira Yuval-Davis (2010) habla del «trabajo sucio» de mantener los límites entre *ellos* y *nosotros* al borrar del *nosotros* la heterogeneidad y al forzar igualmente, en el *ellos*, la homogeneidad. Los poderes políticos invierten muchas energías en este trabajo sucio, y ejemplo de ello nos lo dan los mensajes y discursos xenófobos de la derecha europea o de líderes como Trump y Bolsonaro.

---

[1] Nira Yuval-Davis, «Intersectionality and Feminist Politics», *European Journal of Women's Studies,* 13, 2006, 200.

El énfasis, en suma, está puesto en percibir las dinámicas y las interacciones entre dos o más ejes de discriminación. Por ejemplo, cobran mucho protagonismo mediático cuestiones como la paridad, las cuotas en la representación parlamentaria o la inexistencia de mujeres en los consejos de administración de grandes empresas. Las defensoras de la interseccionalidad nos dirían que son aquí los intereses de las mujeres más privilegiadas los que están sobrerrepresentados, frente a los problemas de las mujeres más desfavorecidas: por ejemplo, la necesidad de más guarderías. La interseccionalidad nos dice que no nos desentendamos de los sectores más vulnerables. La responsabilidad por la justicia pasa por el reconocimiento de las desigualdades estructurales y por el análisis de sus interacciones. Pasa por analizar en detalle las violaciones de los derechos humanos de los grupos e individuos que han sido arrojados en las intersecciones de opresiones estructurales.

Para saber más

Lecturas

CRENSHAW, Kimberlé, «Demarginalizing the intersection of race and sex: A black feminist critique of antidiscrimination doctrine, feminist theory and antiracist politics», en Katherine T. Bartlett y Rosanne Kennedy (eds.), *Feminist Legal Theory: Readings in Law and Gender,* Boulder (CO), Westview Press, 1991, págs. 139-168.

YUVAL-DAVIS, Nira, «La intersección de raza y género», en Celina Romany (ed.), *Raza, etnicidad, género y derechos humanos en las Américas: un nuevo paradigma para el activismo,* American University, Universidad Interamericana de Puerto Rico, 2001.

— «Theorizing identity: beyond the "us" and "them" dichotomy», *Patterns of Prejudice,* vol. 44, 3 (2010), 261-280.

Material audiovisual

The urgency of intersectionality, Kimberlé Crenshaw, TED Talks. Subtitulado en español. Puede verse online.

Lo personal es político

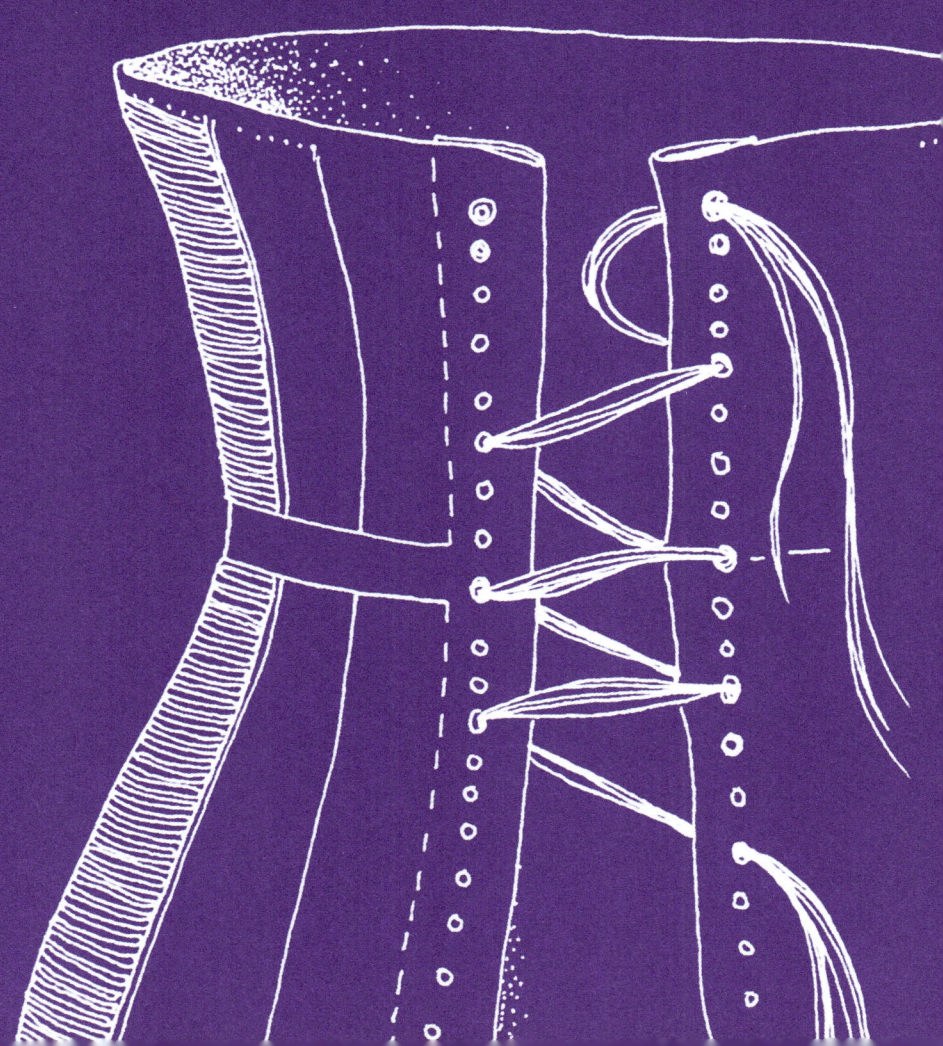

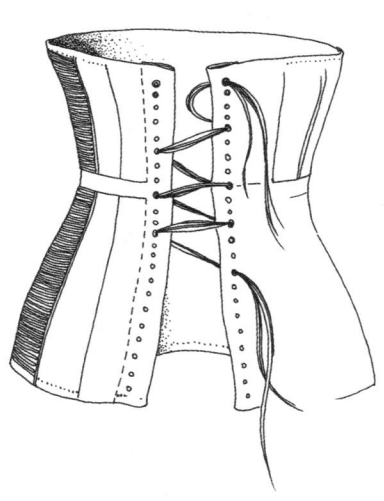

Lo que nos pasa es político

Amelia Valcárcel

«Lo personal es político» es un lema de la tercera ola del feminismo, la que se fragua en los aledaños de la revuelta juvenil de 1968. Como lema tuvo un éxito inmediato precisamente porque venía a solventar un debate de fondo que resultaba inaplazable: saber y dejar claro si el propio feminismo era o no parte de la política. Alcanzados como estaban los derechos educativos, buena parte de los derechos civiles y también los derechos políticos elementales —tales como poder votar o resultar electa—, toda la nueva agenda feminista, que incluía divorcio, patria potestad, filiación y custodia, aborto, homosexualidad, etc., parecía corresponderse con asuntos que la esfera pública repugnaba. Digamos que, aunque el concepto mismo de lo que era política había sido enormemente ampliado por las agendas sesentayochistas, nadie parecía querer hacerse cargo de una enorme masa de experiencia, vindicación y agenda acumulada por las mujeres. Experiencia a menudo de agravios, opresión y ninguneo. Cuando alguno de aquellos extremos era citado, su pertinencia solía rebatirse con una frase implacable: «Eso son cosas personales. Aquí estamos haciendo política». Lo «personal» se invocaba precisamente para sacarlo del espacio de lo pertinente.

Este lema, «lo personal es político», supuso una toma de postura frontal y abrió la puerta a la agenda del control del propio cuerpo y el manejo libre del propio yo. Probablemente, la última inspiración del lema esté en Firestone, pero, en cualquier caso, se corresponde con el nuevo y ampliado concepto de lo político que el feminismo encarnó en ese momento histórico. Admitirlo y consagrarlo supone varios planos que conviene señalar: primero, que la distinción aceptada entre privado y público, la distinción liberal por excelencia, por usar esos términos, ya no se acepta. En segundo lugar, se hace cargo de un concepto ampliado de lo político, de matiz foucaultiano, en el que *política* es el nombre que recibe cualquier relación de poder. La novedad de la tercera ola es que analizará como relaciones de poder todas aquellas que establecen la normativa en que los sexos funcionan; por lo tanto, hablará de jerarquía sexual en vez de hacerlo de esencia sexual. Por último, es una decidida negativa a admitir que la privacidad ampare el funcionamiento opaco del poder patriarcal. El modo de ponerlo a la luz es hablar de lo que se considere inconveniente. Si buscamos el silencio obligado, entonces aparecerá la prohibición que hay que romper. «Lo personal es político» también significa «hablaremos de lo que nos parezca conveniente sin someternos a censura previa». Se acabó la anuencia y terminó el silencio.

Debe decirse que ese silencio amparaba muchas conductas y tenía una enorme cantidad de sobreentendidos. Con el lema se pretendía, además, cubrir la acción de los grupos de autoconciencia, decisivos para la militancia feminista, en que solamente mujeres iban, a menudo penosamente, desgranando y afrontando sus experiencias antes calladas; experiencias, recuerdos e incluso traumas. Continentes completos que muchas mujeres ocultaban incluso para sí mismas y que eran normalmente silenciadas desde fuera; experiencias, en fin, de violencia, vergüenza y odio.

En 1969, una joven autora, Carol Hanisch, defendió bajo este lema que las relaciones de pareja, el aborto, la violencia masculina, las relaciones sexuales, el cuidado, la propia apariencia, el trabajo doméstico, el tener hijos y ser madre, etc., no eran cuestiones personales a las que cupiera quitar importancia política, puesto que en todas ellas asomaba un orden de poder y exclusión, masculino y patriarcal, que era aquello contra lo que se debía luchar. La importancia política de todos esos asuntos era una prioridad. Así pues, «lo personal es político» forzaba a cambiar la completa perspectiva de lo que por «política» se estuviera entendiendo. Si todas las ideas y doctrinas políticas exigen de quienes las sostienen grados contrastados de coherencia, el feminismo apura todavía más esa cercanía. Por su propio campo de acción pone en cuestión la vida vivida e interpela a quien lo mantiene de una forma tan cercana que a veces puede resultar dolorosa. Es un conjunto exigente de ideas y prácticas cuya vinculación sentimental tiene una fuerza inusitada.

El grado de éxito de esta nueva visión ha de medirse por las innovaciones legislativas y los cambios en los *mores* ocurridos en aquellas sociedades para las que las políticas feministas devinieron significativas. Pocas fronteras han experimentado tantos cambios como las que existen entre público y privado. Delitos públicos como el adulterio han pasado a ser asuntos privados en que la ley no debe entrometerse. Violencia privada, como la matrimonial, ha pasado a convertirse en un asunto de máxima atención pública. La vida privada es un ámbito actual de la libertad que es posible para las leyes conceder y admitir en el uso de la voluntad e independencia personal, ámbito en el que inmiscuirse carece de respaldo. Pero todo cuanto atente precisamente contra ese reducto personal se convierte en un asunto público. Así lo instituyó el feminismo.

Para saber más

Lecturas

Amorós, Celia, *Hacia una crítica de la razón patriarcal,* Barcelona, Anthropos, 1985.
Firestone, Shulamith, *La dialéctica del sexo,* Barcelona, Kairós, 1976.
Millett, Kate, *Política sexual,* Madrid, Cátedra, Colección Feminismos, varias ediciones.
Valcárcel, Amelia, *Feminismo en un mundo global,* Madrid, Cátedra, Colección Feminismos, 2008.

Material audiovisual

Mrs. America, miniserie, Estados Unidos, 2020.

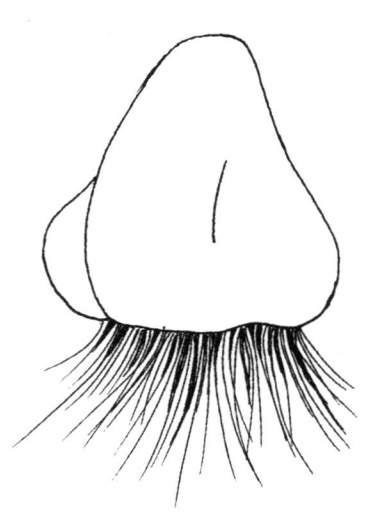

Mansplaining

Towanda Rebels
(Teresa Lozano y Zua Méndez)

El término *mansplaining* se ha convertido en poco tiempo en un concepto «estrella» del feminismo. La mezcla de ironía, complicidad entre mujeres y humor, recogida en una sola palabra, ha propiciado su rápida utilización en redes sociales, memes virales y en nuestras conversaciones cotidianas. Se trata de un término que ha llegado para describir y poner sobre la mesa un «malestar femenino» tan antiguo como frecuente. En sí, *mansplaining* es un neologismo anglófono formado por la unión de las palabras *man* (hombre) y *explaining* (de *explain*, explicar), que se define como «explicar algo a alguien, especialmente un hombre a una mujer, de una manera condescendiente o paternalista». Para aquellas que prefieren castellanizar el término, Fundéu (fundación asesorada ni más ni menos que por la RAE) nos propone adaptarlo al castellano como *machoexplicación*. Una traducción que, además, nos resulta bastante acertada.

Se cree que fue una mujer anónima —¡ay, las mujeres anónimas!— la que acuñó el término al leer el ensayo de la escritora Rebecca Solnit, *Men explain things to me (Los hombres me explican cosas)*. En él, Solnit relata cómo, en una fiesta, un gentil caballero se le acercó para explicarle, nada más y nada menos, el libro que ella había escrito. Por más que ella intentó decirle que era la autora, no hubo forma de interrumpirle. El *gentiluomo*, imaginaos, ni siquiera se había leído el libro de Solnit. El *quid* de la cuestión es que esta historia no es anecdótica. El hecho de que los hombres continuamente nos expliquen cosas que ya sabemos, con paternalismo y condescendencia, mina nuestra autoestima, ya de por sí bastante perjudicada por la socialización femenina en la que somos educadas dentro de una sociedad patriarcal. Como resultado, y siendo víctimas de un *mansplaining* continuo, las mujeres hablamos menos en público y, en general, nos falta la seguridad que a ellos les sobra para defender nuestros argumentos, ideas y propuestas. A pesar del estereotipo machista de que las mujeres no callamos ni debajo del agua, los datos nos dicen que los hombres hablan más tiempo y en más ocasiones que nosotras, tal y como expone Julia Baird en *The New York Times*[1], donde recoge un interesante estudio de las universidades de Brigham Young y Princeton[2] al respecto.

Pero preguntémonos, volviendo a la historia de Solnit, qué mecanismos se activaron en la mente de ese *mansplainer* para no prestar atención al hecho de que la boca de la mujer que tenía enfrente se moviera e incluso —fijaos qué maravilla— fuera capaz de pronunciar palabras que él, sorprendentemente, no captaba. Sospechamos que en estas situaciones no estamos ante un problema auditivo. La clave está en otra parte, concretamente en sus cerebros y en cómo estos han aprendido, a través de la socialización masculina, a presuponer que lo que tienen que decir es más importante, inteligente e infinitamente más interesante que lo que sea que esté balbuceando la mujer que tienen enfrente. El sexo masculino nos supone una comprensión, unos conocimientos y una experiencia menores a los suyos por el simple hecho de ser mujeres, sin importar nuestra formación o experiencia. No es difícil imaginarnos a este hombre exultante (y absorto) en medio de su monólogo. Una mezcla insoportable entre el padre protector, el profesor guiando a la alumna perdida y el seductor de mujeres desplegando toda su soberbia y verborrea para dar una lección y, de paso, conquistar el próximo trofeo. La cosificación de la mujer bajo la mirada patriarcal está relacionada con esta dinámica de explicarnos constantemente todo. En una suerte de juego mágico que el machista domina, la mujer que tiene enfrente se convierte en algo inanimado, bello de contemplar mientras uno diserta, sin capacidad de pensar ni hablar.

---

[1] «How to Explain Mansplaining», *The New York Times,* abril de 2016.
[2] «Gender Inequality in Deliberative Participation», *American Political Science Review,* vol. 106, agosto de 2012, 533-547.

La socialización masculina (patriarcal) entrena a los hombres para competir, ganar, proveer, ostentar la autoridad y llevar la iniciativa. El hombre sabe; la mujer siente. O lo que es lo mismo: los hombres son seres racionales y las mujeres somos seres emocionales. Y, así, se apuntala la base para dar por sentado que son ellos los brillantes eruditos y nosotras los seres sensibles creados para escuchar y reforzar su autoestima, contemplándoles con sentida admiración. Estas dinámicas esencialistas se han ido fijando en nuestra cultura a golpe de mitos, estereotipos y escenas de la literatura y el cine. Ahí están, por ejemplo, las sucesivas reinterpretaciones del mito de Pigmalión insuflándole espíritu y moldeando a su gusto a la Galatea de turno. Desde el relato clásico, pasando por *My Fair Lady* y *Educando a Rita,* hasta las versiones más modernas y distópicas en las que directamente Galatea es una autómata que cobra «vida» solo a instancias de su creador.

Es innegable que la lucha feminista ha alcanzado un lugar destacado en las revoluciones sociales en todo el mundo. Frente a este cuestionamiento constante del lugar predominante de los hombres, de su poder y de su palabra para construir los discursos, los relatos históricos y las leyes (escritas y no escritas), quizás sea el momento de que los hombres dejen a un lado el *mansplaining*, cierren la boca y escuchen de una vez por todas nuestros legítimos reclamos. Veinte siglos de *machoexplicaciones* nos parecen más que suficientes.

Para saber más

Lecturas

Barbijaputa, «Hombres que te explican cosas: Top 7 de mansplainers», *eldiario.es,* Zona Crítica, 21 de enero de 2016. Puede consultarse online.

De Miguel, Ana, *Neoliberalismo sexual. El mito de la libre elección,* Madrid, Cátedra, Colección Feminismos, 2015.

Gómez, Lula, *Eres una caca. Guía para entender y desmontar el machismo,* Barcelona, Penguin Random House, 2019.

Pérez de las Heras, Nerea, *Feminismo para torpes,* Barcelona, Martínez Roca, 2018.

Solnit, Rebecca, *Los hombres me explican cosas,* Madrid, Capitán Swing, 2016.
Towanda Rebels, *#HolaGuerrera,* Madrid, Aguilar, 2018.

Material audiovisual

Déjala hablar: el reclamo a un moderador por interrumpir a la única mujer en un panel de física, vídeo de 1 minuto, 21 segundos. Puede verse online.

Jimmy Kimmel Mansplains to Hillary Clinton, vídeo de 3 minutos, 30 segundos. Puede verse online.

Reseteadas, miniserie dirigida por Towanda Rebels, capítulo 2: «Mansplaining». Puede verse online.

The Big Bang Theory – S12E05 – Mansplaining, vídeo de 52 segundos. Puede verse online.

En todas las civilizaciones y todavía hoy,
las mujeres inspiran horror a los hombres:
es el horror de su propia contingencia carnal
proyectado sobre ellas

(Simone de Beauvoir)

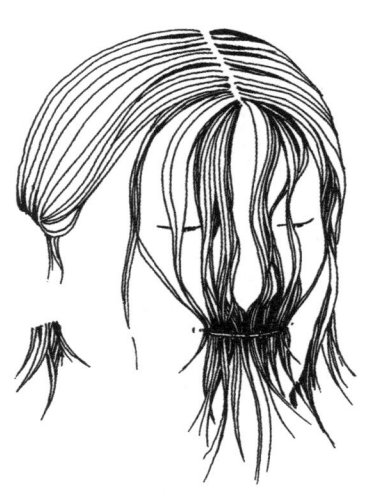
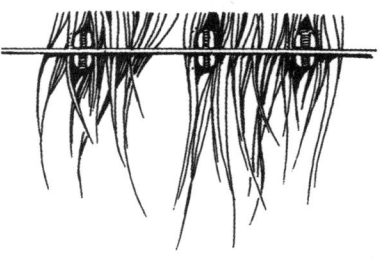

Misoginia

Anna Caballé

Misoginia (del griego antiguo *mîsos,* «odio», y *gyno,* «mujer») se define como una actitud de hostilidad y/o aversión hacia las mujeres en su conjunto, por su sexo biológico, y, por tanto, de discriminación en relación con sus ideas, valoración y comportamientos. Es una actitud, y una práctica que, a lo largo del tiempo, ha penetrado profundamente en el imaginario masculino, pero también entre aquellas mujeres dispuestas a conceder prioridad al sexo masculino en todos los órdenes de la vida y del pensamiento. En este sentido, la misoginia es el eje de la ideología patriarcal, en la medida en que ha favorecido y fomentado una relación de desigualdad entre hombres y mujeres que ha alcanzado múltiples registros tanto socioculturales como personales y conyugales. Basta señalar el uso ambiguo que tanto en castellano como en la mayoría de las lenguas ha tenido tradicionalmente la palabra «hombre», bien referida a un individuo de sexo masculino como extensible a todo el género humano. La filosofía occidental ha recurrido sistemáticamente a la expresión «los hombres» para referirse a la humanidad entera, es decir, a hombres y mujeres. Aunque también puede interpretarse como que las mujeres quedaban excluidas ontológicamente del pensamiento sobre la condición humana.

De la gravedad y repercusiones de la misoginia tomó conciencia el feminismo a principios del siglo XX, y desde entonces se ha procedido a una revisión de las amplias y sutiles formas expresivas que la misoginia ha alcanzado en todos los ámbitos, públicos y privados, de la sociedad. Puede ir desde una falta de empatía o reconocimiento hacia los logros o méritos de las mujeres hasta su exclusión estructural, en un nivel tanto político (el derecho a la participación activa de las mujeres a través del ejercicio del voto es un logro del siglo xx), como económico (la tradicional brecha salarial, los techos de cristal) como legal, ya denunciado precozmente por Mary Wollstonecraft. Kate Manne hace referencia a una forma sutil y actual de misoginia que es la que se ejerce únicamente sobre las mujeres que no se ajustan a los patrones convencionales y que, por tanto, suponen un verdadero desafío a la supremacía masculina. Es decir, se rechazan unos perfiles de mujer, pero se aceptan otros, en función de su adaptación al medio.

La devaluación de la mujer como ser humano puede reflejarse en bromas, chistes, obscenidades, cortesías que quedaron obsoletas por enfatizar una supuesta debilidad o apocamiento de la mujer, en reclamos publicitarios que la cosifican, en la pornografía y de forma muy dramática en el comercio y tráfico sexual. Puede alcanzar grados extremos de violencia física, y entonces hablamos de violencia de género, de violencia machista o de feminicidios cuando los malos tratos a una mujer conducen a su muerte. La misoginia es la expresión de un prejuicio, como lo es el racismo, fundado en la convicción de la superioridad masculina.

Sus raíces son antiguas. La Biblia ya ofrece dos versiones de la creación de la mujer. En la primera (Génesis, I, 27) se dice que Dios creó el macho y la hembra, mientras que en la segunda (2, 21), cuando se alude al paraíso terrenal, se dice que Dios tomó una costilla de Adán, el primer hombre, para formar a Eva, la primera mujer. Los estudios sobre la misoginia consideran la posterior conducta de Eva como un hecho que penaliza a la mujer al hacerla responsable de la expulsión del paraíso diciéndole «buscarás con ardor a tu marido, que te dominará» (3, 16). A partir de aquí tanto el Antiguo como el Nuevo Testamento son semillero de una idea central: la sujeción de la mujer al varón, tanto en el matrimonio como fuera de él. La misma idea puede hallarse en la filosofía griega, y muy especialmente en Aristóteles. Con él aparece tal vez el sexismo más radical del mundo antiguo, al considerar a la mujer como un macho mutilado, un hombre incompleto cuyo bien más preciado es la mudez: «El silencio en la mujer es ornato» *(Política,* ii-viii). Ese mandamiento de silencio es también el que impondrá san Pablo a las mujeres, al menos en dos ocasiones (Corintios 14, 34, y Timoteo 1, 2).

En plena Contrarreforma, el monje agustino fray Luis de León escribió *La perfecta casada,* donde establecía el modelo ideal, aquello a lo que debía aspirar una mujer cristiana. Y para justificar su nula experiencia en este empeño argumentaría que sus palabras eran la voluntad de Dios. Su tesis, acopio de la literatura misógina acumulada por los Padres de la Iglesia, es que las mujeres de valor son muy pocas —«es cosa rara»— porque «como la mujer sea de natural flaca y deleznable más que ningún otro animal y su costumbre y ingenio una cosa quebradiza y melindrosa», hallar una mujer de valor es para el hombre como dar con una piedra preciosa. Fray Luis casi niega en *La perfecta casada* la cualidad del ser a la mujer, y por ello la adoctrina en los términos en que podría hacerse con un esclavo, pensando en el poder y la comodidad del varón. De esta obrita se han hecho no menos de 77 ediciones desde 1583, y al menos 25 se corresponden con el período comprendido entre 1939 y 1975. Un mínimo de 25 ediciones en 35 años. Hay varias maneras de interpretar estos datos, pero todas confluyen en una: el atrincheramiento mental.

Para saber más

Lecturas

Caballé, Anna [2006], *Breve historia de la misoginia,* Barcelona, Ariel, 2019.
Gillard, Julia, «Julia Gillard misogyny speech voted most unforgettable Australian TV moment: Watch in full» *(The Guardian),* intervención parlamentaria del 9 de octubre de 2012 denunciando la misoginia del líder de la oposición. Más de un millón de visitas en YouTube en una semana. Puede verse online.
Madrid, Mercedes, *La misoginia en Grecia,* Madrid, Cátedra, Colección Feminismos, 1999.
Manne, Kate, *Down Girl: The Logic of Misogyny,* Nueva York, Oxford University Press, 2017.

El malestar que no tiene nombre

(Betty Friedan)

Mística de la feminidad

Cristina Molina Petit

Si puede hablarse de un *best seller* feminista, este sería *La mística de la feminidad* de Betty Friedan (1921-2006). La mística de la feminidad podría resumirse en esta idea: cómo reconocer los mandatos de género y desbaratarlos para convertirnos en individuas autónomas. Publicado en 1963, recibió el Premio Pulitzer en 1964 y diez años más tarde ya se habían vendido en América más de dos millones de ejemplares. Traducido a múltiples idiomas, llega a España en 1965 pasando la férrea censura franquista gracias a que el censor apuntaba que era un «estudio sociológico». En sus sucesivas ediciones, la contraportada del libro recogía opiniones de las lectoras tan contundentes como «este libro ha cambiado mi vida», «Betty Friedan es a las mujeres lo que Martin Luther King ha sido para los negros». Hasta la propia autora seguía asombrada y agradecida por el éxito que veinte años después seguía teniendo su obra.

¿Dónde radicaba tal éxito sin precedentes en una obra sobre feminismo? Redactado en un lenguaje llano y con un estilo que va directamente al corazón, aparece en un momento crucial para el público femenino de la gran clase media estadounidense. Se iniciaban los años 60, cuando ya superada la época de escasez de posguerra se suponía que la máxima ambición de las mujeres era casarse bien y reunir gran número de electrodomésticos para dedicarse con eficacia a su destino de amas de casa, esposas y madres. La generación anterior en tiempos de guerra se había preparado para los más arduos trabajos, sustituyendo a los hombres que estaban en el frente. Sus abuelas habían sido sufragistas en lucha y ahora resultaba que, según la publicidad, las revistas de moda, los predicadores y los psiquiatras surgía una imagen de la mujer puramente doméstica —y domesticada— dedicada exclusivamente a sus labores, so pena de perder eso de la «feminidad».

Friedan, que había estudiado Psicología Social, realiza por encargo de la misma institución donde se graduó un estudio sobre la satisfacción de la mujer estadounidense media. Elabora un cuestionario detallado y al finalizar presenta unas conclusiones demoledoras: a pesar de gozar de un estatus económico razonable, de estar felizmente casadas, tener hijos sanos y contar con un hogar confortable, se da una insatisfacción general en estas mujeres.

Friedan trata de identificar el problema que subyace a todas estas muestras de insatisfacción: ¿por qué estas mujeres no se pueden adaptar al estereotipo que se espera de ellas? Si tienen una vida fácil y cómoda, ¿qué les falta? Las encuestadas se quejaban de no tener tiempo para ellas, de no saber quiénes eran en realidad, más que «la esposa de», «la madre de»... Friedan identifica este problema como un *problema de identidad* en el sentido de que ellas se definen no por sí mismas, ni por sus intereses o gustos o perspectivas, sino siempre en relación con otros. Esta suerte de «vaciado de identidad» es consecuencia, a juicio de nuestra autora, de un proceso de construcción de un ideal de feminidad, de una «mística» que ha naturalizado y sacralizado una imagen de la mujer que «no persigue ni una educación, ni una carrera, ni quiere derechos políticos, ni la independencia ni las oportunidades por las que lucharon unas feministas (las sufragistas) pasadas de moda».

Una vez descubierto el problema, Friedan se apresta a proponer soluciones que desbaraten esa «mística» para diseñar otra imagen que les permita el desarrollo personal en sus capacidades y sus deseos y les proporcione la preparación necesaria para su integración en la vida social y política. Para ello piensa que la educación es la clave: «La batalla hay que darla en la mente y el espíritu de las mujeres», afirmaba convencida. Como buena liberal, busca soluciones individuales: no pretende cambiar la sociedad ni las instituciones, sino a las personas por medio de la educación y de la movilización colectiva. Para ello funda NOW (Organización Nacional para Mujeres) con la idea de ayudar a la población femenina en esta tarea de formarse y entrar en las instituciones y en los negocios.

NOW tuvo un enorme éxito de afiliación. Evitando cuidadosamente temas controvertidos como el aborto, la pornografía, la homosexualidad y la religión, se podía situar dentro de lo políticamente aceptable y le daba un inmenso poder de convocatoria. Las marchas organizadas por NOW pidiendo igualdad, guarderías o representación política eran siempre un éxito. Al tiempo, millones de mujeres convencidas de salir de «la mística de la feminidad» emprendieron carreras, continuaron sus estudios o se prepararon para entrar en política.

Veinte años más tarde, Friedan se enfrentaba a otro problema que *La mística de la feminidad* no preveía: el peso de la doble jornada que esas mujeres habrían de soportar. Su libro *La segunda fase* sale al paso de este problema que sufrían las hijas de las luchadoras contra la mística: se trata de *supermujeres* que quieren atender tan bien el trabajo asalariado como la familia o que han de elegir entre lo uno y lo otro. Friedan piensa que ahora es el momento de cambiar de idea y de tácticas: si antes había que plantear la lucha reivindicando derechos frente a los hombres y saliendo de casa para tener una vida autónoma, ahora hay que volver a valorar la familia y el hogar. ¿Cómo lograremos esto? Pues pidiendo horarios flexibles, buscando compañeros que compartan las faenas domésticas, involucrando a empresarios en esta lucha que no va *contra* los hombres, sino *con* los hombres (Friedan no distingue la lucha contra los hombres de la lucha contra el *patriarcado*).

Y en eso estamos todavía: pidiendo horarios flexibles, buscando conciliación de las tareas, calculando cuándo tener hijos… Porque lo otro, según Friedan, sería caer en otra mística: «la mística del feminismo». Nosotras nos preguntamos si no será otro aspecto de la misma mística.

Pero también nos alerta de que las conquistas conseguidas en aquel primer estadio cuando destruimos *la mística*, aquellas conquistas de igualdad, autonomía y dignidad, también pueden perderse. No hay que dar todo ello por supuesto, avisa.

Para saber más

Lecturas

Friedan, Betty, *La segunda fase*, Barcelona, Plaza & Janés, 1983.
— *La fuente de la edad*, Barcelona, Planeta, 1994.
— *La mística de la feminidad*, Madrid, Cátedra, Colección Feminismos, 2016.
Eisenstein, Zillah, *The Radical Future of Liberal Feminism*, Nueva York, Logman, 1981.

Godayol, Pilar, *Tres escritoras censuradas: S. de Beauvoir, Betty Friedan, Mary McCarthy,* Granada, Comares, 2017.
McCarthy, Mary [1963], *El Grupo,* Barcelona, Tusquets, 2004.
Molina Petit, Cristina, «Betty Friedan», en María José Guerra y Ana Hardisson (eds.), *20 pensadoras del siglo xx,* Oviedo, Nobel, 2006.

Material audiovisual

Mrs. America, miniserie estadounidense (2020) que muestra la oposición de un grupo de mujeres conservadoras lideradas por Phyllis Schlafly a los intentos de reforma progresista de las leyes que llevaban adelante feministas como Betty Friedan en los años 60 del siglo xx.

Sexo en Nueva York, serie estadounidense (1998) basada en la novela *El Grupo,* de Mary McCarthy. Esta novela narra la vida de ocho mujeres compañeras de graduación de la prestigiosa escuela universitaria americana Vassar que, tras licenciarse en 1933 con brillantez, salen a un mundo donde creen que van a triunfar con la formación recibida. Pero todas van cayendo en convencionalismos y prejuicios de la época.

El feminismo no cuestiona las decisiones individuales de las mujeres, sino las razones que las obligan a tomarlas

(Celia Amorós)

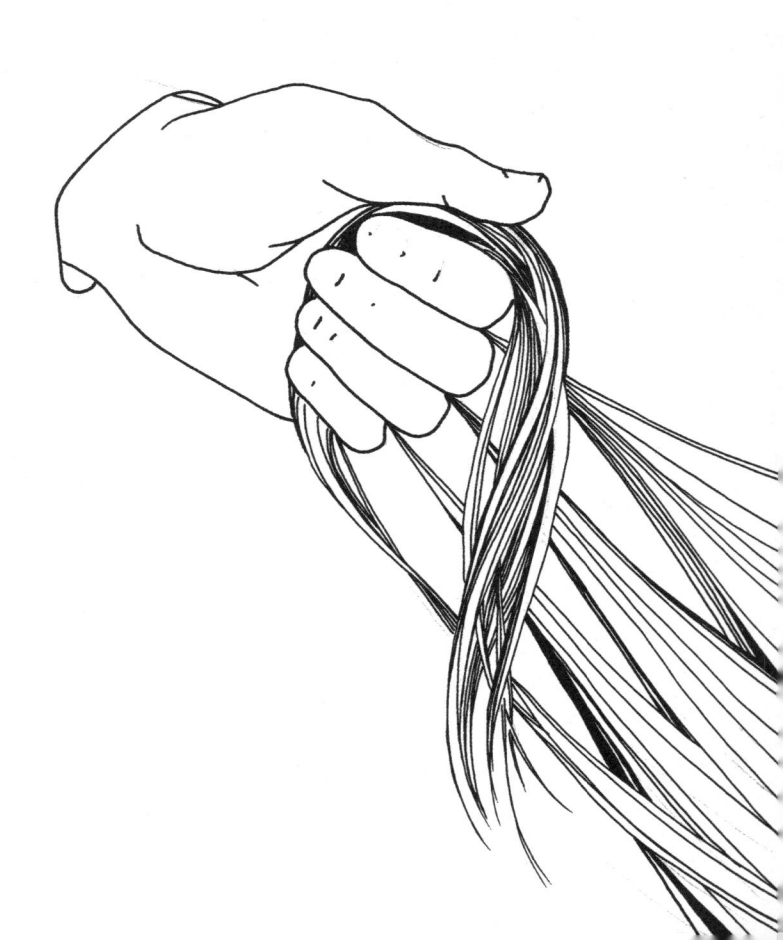

Mito de la libre elección

Ana de Miguel Álvarez

El mito de la libre elección remite a una de las preguntas clave de la teoría feminista actual: la pregunta sobre cómo se reproduce y legitima la desigualdad en las sociedades formalmente igualitarias. En sociedades que han dejado atrás los patriarcados de coacción y viven en patriarcados que necesitan legitimarse en el *consentimiento*[1] y la *libre elección* de cada persona.

Entonces, ¿cómo se reproduce la desigualdad? ¿Cómo se está reproduciendo el rosa y el azul, con su conjunto de normas, valores y sentidos de la vida diferenciados?

Una respuesta extendida niega tal desigualdad: chicas y chicos ya viven en igualdad. Y si hay diferencias en sus comportamientos, son eso, diferencias, no desigualdades. La *libre elección individual* se convierte en el factor explicativo de las conductas sesgadas por el sexo-género. Si las niñas juegan con maquillaje y llevan el pelo largo: pues nada, es su libre elección, ¿desde los 2 años?, sí, ¿dónde está el problema? No hay tal problema porque la niña que libremente lo elige se corta el pelo, juega al futbol. Al igual que el niño que quiere llevar su falda y su Barbie a segundo de infantil encuentra la indiferencia teñida de respeto a su decisión.

---

[1] «Patriarcado de coacción» y «patriarcado de consentimiento» son denominaciones acuñadas por Alicia Puleo para diferenciar las sociedades patriarcales tradicionales de las sociedades occidentales contemporáneas, en su texto «Patriarcado», en Celia Amorós (dir.), *10 palabras clave sobre mujer,* Estella, Verbo Divino, 1995.

En el fondo, bajo este discurso de la libre elección individual subyace un neodeterminismo bastante popular y de sentido común. ¿He hecho yo alguna diferencia en la educación de mis hijos?, se preguntan madres y padres. No, yo apoyo la igualdad, por tanto, todas las diferencias que observo se tienen que deber a una cierta tendencia natural. Ellas son de Venus y ellos son de Marte.

El razonamiento anterior parece impecable. Impecable desde una visión tan cándida como errónea sobre cómo se han conducido realmente los progenitores y sobre cómo funciona la sociedad. Es un razonamiento que ignora la existencia de estructuras ideológicas y materiales que condicionan nuestra subjetividad desde el nacimiento. Un razonamiento cuyo paralelo sería negar la influencia de las estructuras económicas en las *libres elecciones* individuales de las personas. Que un adolescente elige libremente pasar el año escolar en Canadá, aprendiendo inglés, y otro no salir de su barrio, ni en verano: ¡cómo es la diversidad humana! Celebremos la diversidad que lleva a unos a lucir sus vacaciones en la costa y a otros a dar un *like* desde su undécimo contrato basura. Si en estos últimos casos nuestro sentido común nos hace ver que estas no son libres elecciones —aunque es lo que intenta el neoliberalismo actual— sino producto de una desigualdad económica injusta, ¿cómo es posible que en lo que hace a las «libres elecciones» basadas en la desigualdad patriarcal persista una ceguera voluntarista que se expresa como: «Que lo haga solo la que lo elija».

Un debate habitual es el de cómo es posible distinguir entre lo que sí es libre elección y lo que es fruto de un sistema de opresión. Y, sobre todo, el de quiénes están cualificadas y desde qué criterio para hacerlo sin caer en el llamado problema del paternalismo, digamos maternalismo. Es decir, sin sostener que una minoría puede saber mejor que la propia interesada qué es mejor para ella o dónde está asintiendo en condiciones de ausencia de igualdad y libertad frente a una situación o frente a otros.

Hay una respuesta posible, que remite al proceso colectivo en que llevamos los últimos siglos y se llama feminismo. Son la teoría y la práctica del movimiento, su caja de herramientas, las que nos han ido permitiendo redefinir como injusticias y abusos lo que en su día se definió como «si ellas lo quieren así». El feminismo puede aquí interpretarse como el camino que hemos recorrido para discernir qué es fruto de un sistema de coacción que lleva a la servidumbre voluntaria[2] y qué fruto de una libertad y un proyecto de vida que exige unas condiciones básicas de igualdad y reciprocidad.

El feminismo nos ha hecho comprender que las mujeres que soportan malos tratos y violencia en sus relaciones no lo «eligen libremente» por mucho que aguanten durante años. Que quienes renuncian a tanto para cuidar sin apoyo a sus hijos o sus mayores no lo hacen exactamente porque quieren y les da la gana. Durante siglos fue así, ahora ya no. El problema que afrontamos con la visión individualista y neoliberal de lo social es que las estructuras de poder que determinan nuestras vidas siguen siendo opacas, invisibles; hasta que el pensamiento crítico nos alienta a descubrir que los discursos del tipo «que se prostituya solo la que quiera», «que deje el trabajo asalariado para cuidar solo la que quiera» son equivalentes a «que trabaje de forma precaria solo el que quiera». Por no citar a Spinoza y su planteamiento de la cuestión: podemos saber lo que queremos, pero ¿sabemos las causas de por qué lo queremos?

El problema que revela el mito de la libre elección es que *el ser para los otros* de las mujeres ya no puede legitimarse en la naturaleza o en la tradición. Tiene que hacerlo apelando a su libertad. Negando las condiciones sociales de la vida humana y responsabilizando —más bien culpando— a cada persona de no ser la emprendedora y la triunfadora, la mujer 10 que con toda libertad puede elegir ser.

Para saber más

Lecturas

Bravo Villasante, María Ávila, *La máquina reaccionaria*, Valencia, Tirant lo Blanch, 2019.
Gómez, Lula, *Eres una caca. Guía para entender y desmontar el machismo*, Barcelona, Penguin Random House, 2019.

---

[2] «Servidumbre voluntaria» es un concepto de la filosofía política que han recuperado con fuerza los enfoques neorrepublicanos de la libertad.

Pérez de las Heras, Nerea, *Feminismo para torpes,* Barcelona, Martínez Roca, 2018.
Towanda Rebels, *#HolaGuerrera,* Madrid, Aguilar, 2018.

Material audiovisual

Feminismo para torpes, Nerea Pérez de las Heras, vídeos en YouTube.
Feminista ilustrada (sitio web: feministailustrada.com; también en Instagram, Twitter y Facebook).
Lula (@eres_una_caca), en Instagram.
Neoliberalismo sexual. El mito de la libre elección, Ana de Miguel, YouTube, 2015. *Youtubers* e *instagramers* que analizan las condiciones estructurales en que se realizan las elecciones de las mujeres.
Towanda Rebels, @towandarebels, en Instagram.

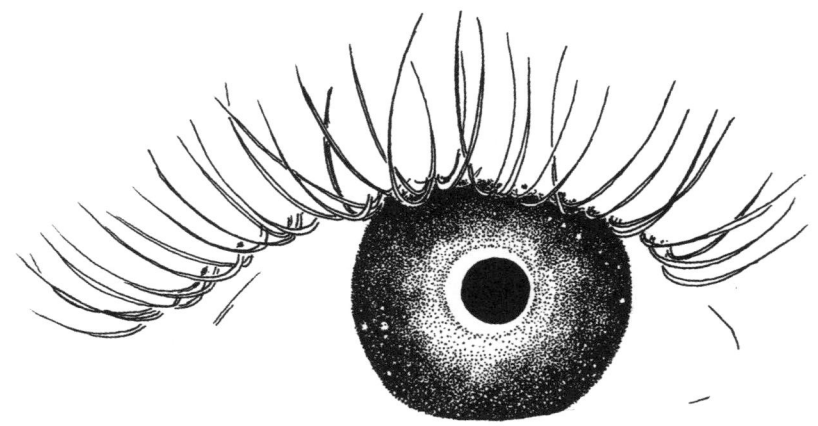

Mujeres científicas: cuando el sexo importa

Eulalia Pérez Sedeño

¿Por qué ha habido y hay tan pocas mujeres en ciertas áreas científicas como la física o las ingenierías? La respuesta tradicional era que las mujeres, por el hecho de serlo, es decir, por su sexo, no estaban capacitadas para la ciencia. Sin embargo, las investigaciones realizadas desde los años 60 del siglo xx muestran que, si ha habido pocas, ha sido por cuestiones que nada tienen que ver con la biología, sino con la socialización, la educación que recibían y los prejuicios asociados.

Al analizar cómo se enseña la ciencia desde la escuela se aprecian contenidos sesgados (en los ejemplos, ilustraciones, etc., o como autores apenas aparecen figuras femeninas), por lo que es necesario seleccionar lecturas adecuadas, incluir información que normalmente no se contempla en los cursos estándar y prestar atención a las actitudes y expectativas de las niñas y adolescentes y del profesorado (que condicionan sus opciones) y proveer de modelos de referencia a las mujeres que quieren dedicarse a la ciencia.

Porque, aunque es cierto que en la historia ha habido menos mujeres que hombres en la ciencia, ha habido más de las que se cree, pero han sido olvidadas o invisibilizadas: Lady Montagu, Caroline Herschell, Maria Kovaleskaia, Maria Mitchell, Emmy Noether, Hertha Ayrton, Rosalind Franklin, o las españolas Margarita Comas Camps, Jimena Fernández de la Vega, María de los Ángeles Alvariño o María Wonenburger, etc., son una pequeña muestra. También se ha comprobado que las mujeres desempeñaron un importante papel en el nacimiento y desarrollo de determinadas áreas (botánica, medicina, astrofísica o programación) o en aspectos valiosos para su desarrollo (salones científico-literarios, mecenazgo, divulgación científica, etc.).

El acceso a las universidades es relativamente reciente. En Estados Unidos entran en 1837; en las suizas, en la década de 1860; en las británicas, en la de 1870; en las francesas, en la de 1880; en las alemanas, en 1900; en España se las admitió sin ningún tipo de restricción a partir de 1910[1]. Las academias científicas nacionales tardaron más: Marjory Stephenson y Kathleen Londsdale fueron admitidas en 1945 en la Royal Society (fundada en 1660); en 1979 Yvonne Choquet-Bruhat entró en la Académie des Sciences[2]; Liselotte Welskopft, en 1964, accedió a la Akademie der Wissenschaften de Berlín[3]. Las primeras españolas en acceder a las academias científicas fueron María Gaibrois (en la de Historia, en 1933) y María Cascales (Real Academia de Farmacia, en 1987).

Los mecanismos que han provocado y aún hoy provocan la exclusión de las mujeres de la ciencia son diversos. Pero hay dos formas fundamentales de discriminación: la territorial u horizontal y la jerárquica o vertical. Por la primera, las mujeres quedan relegadas a disciplinas y trabajos marcados por el sexo a los que se atribuye menor valor. La discriminación jerárquica hace que muchas mujeres sean mantenidas en los niveles inferiores del escalafón o se topen con un «techo de cristal» que no pueden traspasar en su profesión. Esto se constata claramente en el porcentaje actual de catedráticas universitarias (20 por 100) o el número de rectoras universitarias (un 11 por 100 en 2020).

Ciertos contenidos y prácticas científicos también han sido objeto de estudio y críticas metodológicas, epistémicas y políticas, sobre todo aquellos que se utilizan para mantener la subordinación de las mujeres, cometiendo una fala-

---

[1] Decreto aparecido en la *Gaceta de Madrid* el 8 de marzo de 1910.
[2] Fundada en 1666, ni siquiera Marie Slodowska Curie fue admitida en ella, a pesar de sus dos premios Nobel.
[3] La denominación original fue Societas Regia Scientarum, pero luego cambió su nombre. Antes de esta fecha había habido mujeres miembros honoríficos o miembros correspondientes, al igual que hubo excepciones en la universidad, como Isidra de Guzmán en España.

cia: como la situación *ha sido históricamente* y *es* así, *debe* ser así. Las críticas a las disciplinas psicosociobiológicas han sacado a la luz la existencia de fallos en el diseño experimental, supuestos basados en datos experimentales limitados, extrapolaciones insostenibles, manipulaciones tecnológicas, la dudosa universalidad de ciertos «hechos» y la obtención de resultados contradictorios con respecto a ellos, etc. También se ha visto que hay sesgos y valores que dañan la buena investigación, como cuando no se utilizan mujeres en los ensayos clínicos por suponer que pueden dañar a futuros hijos, excluyendo a mujeres que no quieren tener hijos, menopáusicas, etc.

Resumiendo, los análisis muestran cómo histórica y actualmente se pretende inferir de supuestas observaciones de «hechos biológicos» (anatómicos, cerebrales, hormonales, etc.) diferencias intelectuales y sociopolíticas. En general, estos argumentos biológicamente deterministas conducen a políticas conservadoras justificadoras del orden social existente y que, en casos extremos, pueden llevar a intervenciones biológico-médicas, cuyo control escapa, en la mayoría de las ocasiones, a sus usuarios/as.

Todos estos análisis han dado origen a las epistemologías feministas que pretenden ofrecer una teoría de la investigación científica que ponga de manifiesto los aspectos ideológicos de la construcción del conocimiento con criterios que permitan evaluar y decidir entre diversas teorías y prácticas científicas que tengan en cuenta de un modo especial el papel del género.

Para saber más

Lecturas

García Dauder, S., y Pérez Sedeño, Eulalia, *Las «mentiras» científicas sobre las mujeres,* Madrid, Los Libros de la Catarata, 2017.

González-García, Marta I., y Pérez Sedeño, Eulalia, «Ciencia, Tecnología y Género», *Revista Iberoamericana de Ciencia, Tecnología, Sociedad e Innovación,* OEI, 2, 2002. Puede consultarse online.

Material audiovisual

Figuras ocultas (2016), película estadounidense dirigida por Theodore Melfi y protagonizada por Taraji P. Henson en el papel de Katherine Johnson (que calculó las trayectorias de vuelo del proyecto Mercury y el vuelo a la Luna del *Apolo 11)* y por Octavia Spencer, Janelle Monáe, Kevin Costner, Kirsten Dunst y Jim Parsons.

Gorilas en la niebla (1988), película estadounidense dirigida por Michael Apted y protagonizada por Sigourney Weaver (en el papel de la naturalista Dian Fossey que estudió y defendió a los gorilas de montaña en Ruanda), Bryan Brown, Julie Harris y John Omirah Miluwi. Puede verse online.

Mass Effect Andromeda (2017), videojuego publicado por Electronic Arts y disponible para Microsoft Windows, PlayStation 4 y Xbox One.

La mitad de todo

Paridad

Amelia Valcárcel

Las mujeres han de poseer presencia en los ámbitos de poder, una presencia tan numéricamente relevante como lo sea la masculina. Ningún sexo ha de exceder al otro en la ratio del 60/40. «Paridad» es el término que vino a reemplazar a otros que la teoría feminista venía usando en los años 90: «discriminación positiva» y «discriminación inversa». Lo hizo porque estos términos citados, derivados de los usados en la lucha contra las consecuencias del racismo institucional en los años 60 en Estados Unidos, no resultaban útiles, sino confusos. Las políticas que el feminismo quería y quiere poner en práctica no se parecen a las políticas de discriminación positiva porque no buscan implementar a nadie con algo que no posee para colocarlo mejor en la línea de salida, ni tampoco dar a alguien un plus que no merezca, esto es, implementar el punto de llegada en un escenario meritocrático. Muy al contrario, simple y llanamente, que no se produzca la sistemática manipulación por la que los currículos femeninos nunca son juzgados con imparcialidad.

Cuando el feminismo de finales del siglo xx tomó como objetivo de agenda alcanzar una presencia similar a la masculina en todos los ámbitos de poder, hubo de encontrar un nuevo término que librara de malas aproximaciones, porque quien no teoriza bien tampoco diseña bien los objetivos a alcanzar. Este término nuevo fue «paridad». El objetivo paridad supone el conocimiento de los conteos sistemáticos de presencia de mujeres en ámbitos organizacionales relevantes y que fueron realizados por primera vez en la década de los 80. En todos ellos se apreció el mismo fenómeno: en cualquier ámbito organizacional en que el poder actúa, la presencia de mujeres era alta en las escalas bajas, llegando fácilmente al 60 por 100; de un tercio en las medias, e inapreciable prácticamente en las cúspides. Las élites eran sumamente refractarias a la presencia de mujeres. A este fenómeno de represión y freno del poder femenino se le denominó también «discriminación de élites». Se comprobó que no ocurría por falta de la formación necesaria, asunto a menudo invocado, sino que el freno más bien parecía deberse al tipo de método de entrada en el ámbito de poder, si era a «ojos ciegos» o por cooptación. Las mujeres parecían tener muchas más oportunidades de ascenso y de presencia cuando su entrada se hacía por mecanismos que ocultaran su sexo, como exámenes ciegos, oposiciones, etc. Sus posibilidades caían en picado cuando, sin embargo, era el grupo de pares quien debía tomar la decisión de entrada. Este mecanismo es el que se conoce como *cooptación*. Pues bien, siempre estaba implicado cuando se producía un remansamiento del talento femenino en las zonas medias. Se le aparca sin permitir que numéricamente traspase una frontera invisible hacia las élites. Invisible desde fuera, esta frontera, pero perfectamente clara en cuanto se ponían de manifiesto los números. Cuando ello sucedía, entonces la frontera era negada desde dentro. Esa frontera invisible fue definida como «techo de cristal».

Los ámbitos que resultaron ser notables en la ya aludida distancia entre la presencia femenina en puestos bajos y medios y su casi nula entrada en los altos resultaron ser seis: política, economía y empresa, opinión, academia, creatividad y religión. Por sus especiales circunstancias, no está claro si sumarles ejército y deporte de exhibición. En todos ellos las cifras eran similares, y la ausencia de mujeres en las cúspides de poder, clamorosas.

Pareció obvio que, dado el modo en que estas desigualdades se producían, los principios de discriminación positiva no resultaban aplicables. En efecto, tales principios surten a alguien de una ventaja de salida porque de entrada no la posee. Por el contrario, la paridad pretende operar en un campo en el que todos los actantes poseen las destrezas requeridas pero en el que, en principio inexplicablemente, algún tipo especial de actantes nunca o casi nunca consigue las metas. En ese caso, hay que suponer que el mecanismo no está resultando imparcial y, desde luego, ya sabemos que no es ciego. Hay entonces que imaginar que el que los resultados no se correspondan con los méritos haya de poder estudiarse. Y lo que va apareciendo en tal estudio es que eso sucede mediante sucesivas maniobras de microdecisión. Constantes y pequeños sesgos sirven para apartar del curso a las personas que no se quieren. Es especialmente protagonista aquí el llamado «colegio en la sombra».

La decisión de discriminar nunca o casi nunca es explícita. Se toma en lugares informales y acudiendo a criterios adrede vagos como «adecuación al perfil». Naturalmente la justificación evita cualquier manifestación explícita de desprecio. «No es exactamente lo que estamos buscando o lo que queremos» es la frase que mejor resume la acción, que se presentará como ecuánime y ponderada. Se suele acompañar de una verbalización explícita: «Aquí no se rechaza a nadie por ser "A", ni tampoco se toma a nadie por ser "A"». Ser «A» es irrelevante. Y ello puede ser afirmado mientras resulta tangible por los números que esa característica, precisamente «A», es la más relevante de cuantas entran en juego.

Para saber más

Lecturas

García de León, Antonia, *Élites discriminadas. Sobre el poder de las mujeres,* Barcelona, Anthropos, 1995.
Quintanilla, Miguel Ángel, «Mujeres y ciencia: discriminación y excelencia», *El País,* 27 de marzo de 2007. Puede consultarse online.
Valcárcel, Amelia, *La política de las mujeres,* Madrid, Cátedra, Colección Feminismos, 2004.

Material audiovisual

Saber y poder, Amelia Valcárcel, conferencia Doctorado Honoris Causa, Veracruz, Universidad Veracruzana (duración: 18 minutos, 19 segundos). Puede consultarse online.
Shoulder to shoulder, serie de la BBC.

Las Luces solo se curan con más Luces

(Madame de Staël)

Pasión por el saber

Isabel Morant

En la obra *De la literatura,* de Madame de Staël, publicada en 1800, se inscribe la conciencia amarga de una mujer que conoce la hostilidad persistente del entorno social hacia las mujeres que muestran su interés por el conocimiento y por la política. Las mujeres, escribe, sometidas a la opinión de una sociedad que las disuade, abandonan sus aspiraciones; *la razón les aconseja la oscuridad; y todo es arbitrario en sus éxitos como en sus fracasos.*

Viviendo entre dos siglos, Germaine Necker, conocida como Madame de Staël (1766-1821), formada en el espíritu de las Luces, observa el desprestigio que amenaza a la producción intelectual de las mujeres: «el ridículo en las monarquías y el odio en la república»[1]. La creatividad que, en un siglo ilustrado, se reconoce como un valor en los hombres se desprestigia injustamente en las mujeres. Así, escribe que cuando alguna osa publicar un libro, «los dispensadores de la opinión le harán sentir su poder» (Madame de Staël, [1800] 1998, pág. 326).

En su lucidez acusa el golpe infligido por los hombres, por los filósofos y los hombres políticos que consideran que, fuera de la familia, las mujeres, necesarias, útiles, para el cuidado y gobierno de la familia, no encuentran su lugar en

---

[1] En la mente de Madame de Staël pesaba el *ridículo* con que, en el teatro de Molière, se venía representando la figura de la mujer estudiosa, por ejemplo, en *Las mujeres sabias* o en *Las preciosas ridículas.*

los espacios de la vida cultural o política[2]. Pero lo cierto es que, en la República, recientemente instaurada, ellas han salido perdiendo; su educación se ha visto reducida y sus vidas son ahora más mediocres. Lo que está ocurriendo significa un paso atrás en el progreso de la sociedad, que, tarde o temprano, deberá reconocer la igualdad en las responsabilidades y en los derechos de las mujeres. Como escribe: «Esclarecer, instruir, perfeccionar a las mujeres como a los hombres, a las naciones como a los individuos, es aún el mejor secreto para todos los objetivos razonables, para todas las relaciones sociales y políticas a las que se quiera dar un fundamento duradero» (Madame de Staël, [1800] 1998, pág. 331).

En su texto se descubre la causa, no siempre confesable, de la injusticia que se denuncia en los hombres; la presencia de las mujeres en los espacios del saber, representados en el mundo de los salones, se percibe como una amenaza a las prerrogativas —a los privilegios— que los hombres detentan de manera exclusiva. La cuestión es política. El saber —como el poder político— no se comparte. Pero, para que la iniciativa de las mujeres —pocas aún— que están presentes en los espacios de la vida cultural no sea compartida por otras muchas, los hombres responsables comprendieron la necesidad de sostener —o profundizar— la línea roja de la diferencia y la desigualdad sexual. Así, escribe que: «Los hombres inteligentes, sorprendidos de encontrar rivales entre las mujeres, no saben juzgarlas, ni con la generosidad que se concede al adversario ni con la indulgencia de un protector; y en este nuevo combate no se siguen ni las leyes del honor ni de la bondad» (Madame de Staël, [1800] 1998, pág. 332).

En *Corinne ou L'Italie,* novela publicada en 1807, se representa la utopía de Madame de Staël; la protagonista, que toma su nombre de una famosa poetisa del pasado, aparece, en triunfo, vestida con una ligera túnica blanca, leyendo sus poesías en una plaza de Roma ante un público que la aplaude. En la novela, sin embargo, Corinne se verá abandonada por Oswald, el hombre al que ama y que corresponde a sus sentimientos, pero que, impresionado por la opinión de

---

[2] Madame de Staël acusa la mentalidad que guía a filósofos y legisladores, que, siguiendo la línea marcada por Rousseau, consideraban que las mujeres solo son la «Preciosa mitad de la República».

su entorno familiar, reconoce la conveniencia de casarse con Lucile, cuyas cualidades, remarcables por otro lado, auguran un matrimonio más adecuado al carácter tradicional y puritano que se descubre en el inglés. Pero Corinne, que aquí se representa como una mujer sensible y pasional, privada del amor, decae, pierde la voz creativa y se decide a morir[3].

Madame de Staël es Corinne. Como la poetisa de la novela, aparece representada, con una lira en la mano, rodeada de montañas que acentúan el aspecto romántico de la pintura que hizo Elisabeth Vigée-Lebrun. ¿Quería ella que la vieran así, como una mujer creadora? ¿Quería expresarnos sus sufrimientos? El sufrimiento del amor producido por el abandono de Benjamin Constant, al que le unía una gran pasión, en la gran inteligencia y la complicidad compartida. O el dolor por el destierro de la vida pública, de la política, impuesto por Napoleón.

El placer y el sufrimiento forman parte de la biografía de Madame de Staël. En ella se reconoce el placer de las pasiones cumplidas; en el amor, el reconocimiento público o el poder político, pero en las mujeres, nos dice también, la felicidad está siempre amenazada por el poder de la opinión que les impide su plena libertad y la realización de un destino superior. Esto es lo que nos muestra en una de sus frases más enigmáticas y, sin embargo, clarividentes: «La gloria misma no podría ser para una mujer más que un resplandeciente adiós a la felicidad» *(apud* Fraisse, 1989, pág. 123).

Admirable en su lejanía, podemos seguirla hoy en su pensamiento luminoso. Nos dice: comprender lo que nos disgusta es el inicio para cambiar nuestras vidas. Saber es preferible a no saber, nos dice Simone de Beauvoir: *¡Ser mujer es una desgracia!,* escribe el filósofo, uno de tantos. ¿Cómo dice?, contesta Beauvoir, entre divertida y airada: «La peor desgracia de la mujer es no saber lo que significa serlo» *(apud* Fraisse, 2018).

¡Ah, las mujeres de las luces! ¡Ah, las luces del feminismo!

---

[3] Madame de Staël es una pensadora de la libertad. En sus novelas denuncia la opinión pública que se opone de manera particular a la libertad de las mujeres y se muestra partidaria del divorcio.

Para saber más

Lecturas

Châtelet, Madame du [1747], *Discurso sobre la felicidad y correspondencia,* edición de Isabel Morant, Madrid, Cátedra, Colección Feminismos, 1996.
Fraisse, Geneviève, *Musa de la razón. La democracia excluyente y la diferencia de sexos,* traducción de Alicia Puleo, Madrid, Cátedra, Colección Feminismos, 1989.
— *Leurs Héroïnes. Mme de Staël,* présenté par G. F., París, L'OBS, 2 de agosto de 2018.
Lotterie, Florence, *Le Genre des Lumières. Femme et philosophe au XVIIIe siècle,* París, Garnier, 2013.
Staël, Madame de [1800], «Des femmes qui cultivent les Lettres», en *De la littérature,* París, Garnier, 1998.
— [1807], *Corinne ou L'Italie,* París, Gallimard, 1985.

Material audiovisual

Lady Newton y la felicidad, documental de Luis Sánchez-Gijón, 2017; https://www.filmin.es/pelicula/lady-newton-y-la-felicidad.

No es un caso aislado,
es el patriarcado

Patriarcado

Alicia H. Puleo

La antropología denomina «patriarcado» a toda sociedad en la que los puestos clave de poder (político, económico, religioso y militar) están ocupados, exclusivamente o en su mayor parte, por varones. Existen diversas hipótesis sobre su origen. Las teorías bioconductistas han visto en la caza el origen de la fraternidad viril y de la exclusión de las mujeres de las actividades más valoradas. La etología ha señalado que el dimorfismo de nuestra especie (mayor tamaño de los machos) revela una originaria poliginia con dominación de los machos. La antropología ha probado la relación entre la guerra pretecnológica y un alto grado de opresión de las mujeres. En sociedades preindustriales con prácticas bélicas frecuentes, se necesitan varones fuertes y duros forjados con ritos de iniciación y se tiende a menospreciar a las mujeres.

El uso del término «patriarcado» con un significado crítico ya comienza en el siglo XIX, momento en el que algunos estudios arqueológicos y antropológicos plantean la hipótesis de un matriarcado originario. Influido por estas investigaciones, Engels sostiene en *El origen de la familia, la propiedad privada y el Estado* (1884) que las primitivas sociedades igualitaristas se convirtieron en patriarcales con la aparición de la propiedad privada. La antropología actual ha abandonado, en su práctica totalidad, la hipótesis del matriarcado primitivo de la humanidad. Ha demostrado también, a través de numerosos estudios de campo, que son los varones quienes dirigen tanto las sociedades estratificadas (con estamentos o clases sociales) como las tribus con sistemas de redistribución igualitaria preclasista que no reconocen la propiedad privada.

El concepto de patriarcado alcanza su pleno desarrollo como categoría analítica de la realidad con las feministas radicales. En *Política sexual* (1970), Kate Millett afirma que el patriarcado descansa en dos principios fundamentales: «el macho ha de dominar a la hembra, y el macho de más edad ha de dominar al más joven». Y agrega que, a pesar de las contradicciones y excepciones que presenta en la realidad, la institución del patriarcado es una constante social a través del tiempo y de las diferencias políticas, sociales, económicas y culturales. Su universalidad y antigüedad son, observa Millett, poderosas armas del patriarcado, ya que dificultan enormemente imaginar una sociedad diferente. No conocemos ninguna sociedad no patriarcal que pudiera servirnos de modelo.

Como bien señala Celia Amorós, «conceptualizar es politizar». En sus sesiones semanales de autoconciencia, las jóvenes feministas radicales contaban sus experiencias personales y el grupo las interpretaba en clave sociopolítica. Lo que inicialmente parecía una anécdota o un problema entre particulares era interpretado, a la luz de la categoría de patriarcado, como un fenómeno social, como un efecto de las relaciones de poder. Las relaciones afectivo-sexuales se revelaron como un ámbito particularmente afectado por el poder patriarcal. Shulamith Firestone analizó la dificultad de alcanzar el verdadero amor entre una mujer y un hombre en una sociedad sin igualdad. La violencia sexista, la cosificación y el control del cuerpo de las mujeres ya no aparecían como sucesos inconexos e inexplicables, sino como política sexual, entendiendo «política» en el sentido amplio de maniobras que mantienen un sistema de dominación. Dicho en palabras de Celia Amorós, el patriarcado es «un constructo metaestable» resultante de pactos entre varones.

Atendiendo a las formas en que se imponen las normas y papeles de hombres y mujeres, he diferenciado dos tipos de patriarcado a los que he llamado *patriarcado de coerción* y *patriarcado de consentimiento*. Mientras que en el primer tipo se castiga duramente a quienes no respeten lo que las leyes o las costumbres imponen a cada uno según su sexo y estas normas son especialmente rígidas con respecto a la conducta exigida a las mujeres, en el segundo tipo se obtiene la adhesión de los individuos a través de mensajes y modelos seductores que incitan a la imitación. Todo patriarcado contiene elementos de coerción y de consentimiento. Aunque esquemática como toda clasificación, esta división permite comprender la semejanza y la diferencia entre las sociedades patriarcales tradicionales y la sociedad del capitalismo tardío en la que las formas de apropiación del cuerpo de las mujeres, desde la prostitución hasta los vientres de alquiler, aparecen como resultados de una elección libre, ignorando los contextos de desigualdad socioeconómica y colonización ideológica en que se producen.

Patriarcado y heteropatriarcado no son sinónimos. Mientras que *patriarcado* alude a una sociedad en la que el conjunto de los hombres posee más poder que el conjunto de las mujeres, independientemente del tipo de prácticas sexuales admitidas, *heteropatriarcado* es un concepto que establece una relación entre la heteronormatividad y la sujeción de mujeres y personas no heterosexuales o no binarias. Ahora bien, la antropología nos enseña la existencia de pueblos con patriarcados muy duros con las mujeres y que, sin embargo, admiten relaciones homosexuales y géneros no binarios. El concepto de *heteropatriarcado* es más apropiado para denunciar la opresión de las minorías sexuales, y el de *patriarcado,* para referirse a la dominación sobre las mujeres.

El *patriarcado* ha cambiado a lo largo del tiempo, adaptándose a distintas estructuras económicas y políticas. Pero gracias al concepto crítico de *patriarcado* desarrollado por el feminismo, hemos avanzado en igualdad y libertad, y ante un acto de injusticia o violencia nos unimos en sororidad para decir: «No es un caso aislado, es el patriarcado».

Para saber más

Lecturas

Amorós, Celia, «Para una teoría nominalista del patriarcado», en *La gran diferencia y sus pequeñas consecuencias... para las luchas de las mujeres,* Madrid, Cátedra, Colección Feminismos, 2005, capítulo III, págs. 111-135.
De Miguel, Ana, *Neoliberalismo sexual. El mito de la libre elección,* Madrid, Cátedra, Colección Feminismos, 2015.
Lerner, Gerda, *La creación del patriarcado,* Barcelona, Crítica, 1990.

Millett, Kate, *Política sexual,* Madrid, Cátedra, Colección Feminismos, varias ediciones.
Puleo, Alicia, «Patriarcado», en Celia Amorós (dir.), *10 palabras clave sobre mujer,* Estella, Verbo Divino, 1995, págs. 21-54.

Material audiovisual

Kalifat, miniserie sueca (2020) que cuenta la historia de jóvenes que, fascinadas por el fundamentalismo religioso, abandonan Suecia para ir a vivir a Siria.

Mrs. America, miniserie estadounidense (2020) que aborda los años 70 del movimiento feminista del siglo xx desde la historia real de una mujer conservadora que encabezó la oposición al proyecto de igualdad de derechos laborales, de propiedad y de divorcio.

Raíces del patriarcado postmoderno: Sade y Bataille, conferencia de Alicia Puleo, XII Escuela Feminista Rosario de Acuña, 2015. Puede consultarse online.

Unorthodox, miniserie alemana (2020) que narra la vida de una joven en una comunidad judía ultraortodoxa de Nueva York hasta que, harta de sus rígidas normas, decide huir.

La erótica es tan diferente de la pornografía
como el amor lo es de la violación,
la dignidad de la humillación,
la sociedad de la esclavitud
y el placer del dolor

(Gloria Steinem)

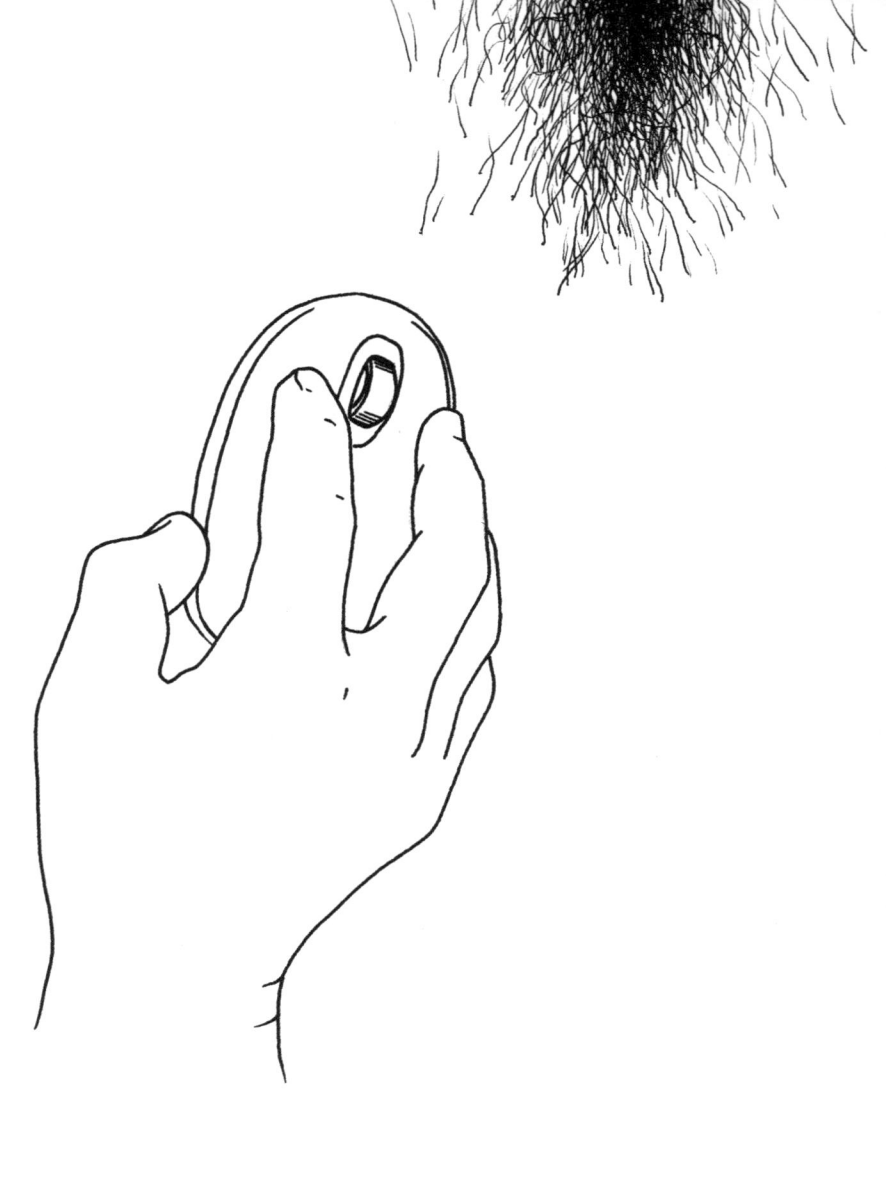

Pornosociedad

Fátima Arranz

El término «pornosociedad» se emplea para referirse a las sociedades en las que la pornografía ha colonizado sus formas culturales, formas con las que se relacionan los individuos consigo mismos y en sociedad. La popularización del término «porno», o incluso la acepción de «pornificación» frente a «pornografía», será un indicador del desarrollo teórico del concepto y de las prácticas generadas a raíz de esta invasión. El dominio del porno cuenta con una breve historia, principalmente dentro de Occidente y que no va más allá del siglo XIX. La representación erótica es datada desde la prehistoria y será conocida prácticamente en todas las culturas. Sin embargo, el término «pornografía» no se usa antes del año 1800 y en francés. Para la socióloga Gail Dines, «la pornografía ahora está tan profundamente arraigada en nuestra cultura que se ha convertido en sinónimo de sexo hasta el punto de que criticar la pornografía es ser abofeteada con la etiqueta antisexo».

La pornografía es a menudo definida como la representación sexualmente explícita de genitales y actos sexuales con el fin de provocar la excitación sexual humana. Sin embargo, esta definición es completamente aséptica respecto a cuál es la realidad dominante de esa representación. ¿Son sus imágenes el fiel reflejo de una sexualidad libre y consentida por parte de los y las intervinientes? ¿Cuál es el discurso hegemónico que ofrece la pornosociedad sobre las relaciones sexuales entre mujeres y hombres? Si bien el porno no se limita solo a la representación de las relaciones heterosexuales, la industria de la pornografía se centra en ella y es, sin comparación, mayoritaria frente al porno lésbico, gay o el realizado por mujeres.

El debate sobre el sentido social de la pornografía es un claro trasunto de la oposición entre la visión patriarcal y la feminista de la sexualidad. De una parte, la concepción positiva, patriarcal, de la pornografía se justifica por ser considerada una verdad auténtica, sin mediaciones: «La pornografía es el *contacto* inmediato entre la imagen y el ojo»[1]. De ahí que se haya convertido en un instrumento de transgresión para el descubrimiento de la «auténtica» sexualidad masculina, frente a la represión del poder burgués. El deseo sexual masculino será representado indefectiblemente como un deseo cruel y violento hacia la mujer. La corriente que inaugura esta forma de pensar surge con algunos filósofos como el Marqués de Sade y su seguidor, Georges Bataille. Sus continuadores en la literatura del siglo XX fueron Henry Miller o Norman Mailer, entre otros. Sus pensamientos serán el sustrato ideológico y legitimador del porno, que paradójicamente hoy es *vendido* como una sexualidad divertida y transgresora. De otra parte, la perspectiva feminista considera la pornografía como un dispositivo más de los *pactos patriarcales* que da cuenta del sometimiento de las mujeres a través de las prácticas sexuales, prácticas que se atienen a la exclusiva satisfacción del deseo sexual masculino y en donde la mujer quedará relegada a ser un puro objeto violentado. Desde los años 70 del pasado siglo, autoras feministas como Kate Millett o Andrea Dworkin, entre otras, denunciaron el esencialismo sexual, la supuesta verdad que dice representar la pornografía. También desde la ciencia se llegó al consenso de que la sexualidad, como señala Alicia Puleo, siempre es algo construido sobre la base de ciertas pulsiones lo suficientemente indeterminadas como para recibir formas muy diversas, por lo que se rechazó la idea de la existencia de una sexualidad primigenia, verdadera, natural o sin ninguna mácula cultural ni en las mujeres ni en los hombres.

En el siglo XXI, la pornosociedad se ha hecho realidad gracias a la conjunción del desarrollo de la industria tecnológica y de los cambios en la representación y visibilidad cultural de la sexualidad. El fácil acceso a internet por prác-

---

[1] Byung-Chul Han, *La sociedad de la transparencia*, Barcelona, Herder, 2013, pág. 12.

ticamente todos los públicos (sin distinción de clase social, edad, localización geográfica...) ha incrementado notablemente la producción, la distribución y el consumo de pornografía. A esto se unen transformaciones sociales y políticas como la desregulación (legalización) casi completa de los límites de la pornografía en las sociedades occidentales. A su vez, la cultura ha vehiculado el porno a través de su propia hipersexualización (preocupación por los valores, prácticas e identidades sexuales, la sexualización de la infancia, del arte, del mundo de la publicidad, etc.). A partir de ahí, la pornografía a gran escala ha conseguido penetrar en el espacio público por medio de su proliferación tanto en los nuevos medios (ciberespacio) como en los anteriores (televisión, cine, vídeos, etc.) usando dos estrategias claves para su implantación. Por un lado, sabiendo elegir al público *target* más adecuado para su propagación: el juvenil (el más moldeable, consumista) y, por otro, logrando infiltrarse en la cultura a través del *pornochic* (representaciones de pornografía en contextos no pornográficos del arte y la cultura o la incorporación de la pornografía en productos culturales convencionales) y el acceso (fácil y libre de pago) al porno *Gonzo* (porno duro) vía internet. Nuevo éxito de la dominación masculina en su feliz encuentro con la industria porno. En definitiva, todo un negocio patriarcal con una lógica específicamente capitalista.

Para saber más

Lecturas

DINES, Gail, *Pornland: How porn has hijacked our sexuality,* Boston, Beacon Press, 2010.
MILLETT, Kate, *Política sexual,* Madrid, Cátedra, Colección Feminismos, varias ediciones.
NÚÑEZ, Gabriel, «El porno feroz», *Estado Mental,* 23 de junio de 2016. Puede consultarse online.
PAASONEN, Susanna; NIKUNEN, Kaarina, y SAARENMAA, Laura, *Pornification: Sex and sexuality in media culture,* Oxford, Berg, 2007.
PULEO, Alicia H., *Dialéctica de la sexualidad: género y sexo en la filosofía contemporánea,* Madrid, Cátedra, Colección Feminismos, 1992.

Material audiovisual

Hardcore (sobre el pornógrafo Max Hardcore), documental dirigido por Stephen Walker; http://hcdocu.blogspot.com/.

#larevolucionserafeministaonosera

Revolución

Beatriz Gimeno

La frase «La revolución será feminista o no será» —que se expandió como una mancha de aceite hasta el punto de que cualquier feminista la reconoce— es más que una frase; es un momento fundacional que marca —quizá— el inicio de la cuarta ola del feminismo. En mayo de 2011, en plena acampada en la Puerta del Sol, las feministas colgaron una pancarta con ese lema sobre una de las bocas del metro y poco después algunos de los allí acampados la arrancaron entre aplausos, alegando que la revolución no sería ni feminista ni machista. Si pensamos en lo que hoy día nos provocaría esa alegación, es fácil constatar que estamos en otra era. Aquella rabia contra el lema de la pancarta ponía de manifiesto algo que el feminismo ha denunciado desde siempre: su exclusión de todas las revoluciones o, más bien, su exclusión de los resultados de las revoluciones, la posibilidad de participar del poder, así como la postergación, la invisibilización activa, de las reivindicaciones específicamente feministas. Y también, en ese proceso, el atropello de las mujeres que han luchado; a veces, el atropello sangriento. Aquel gesto se producía, otra vez, en un espacio de ruptura que se pretendía radicalmente revolucionario. Por esto tanto la pancarta en sí como el acto de arrancarla y su posterior reivindicación por el feminismo constituyen un drama en tres actos que tiene mucho que ver con que España sea uno de los países en los que la emergencia feminista ha sido más potente. Antes de ese momento, el feminismo vivía en un momento «valle», y muchas de las que llevábamos mucho tiempo en el movimiento nos preguntábamos con inquietud por el recambio generacional. A partir de que la pancarta se arrancara y se volviera a colocar, se produjo una especie de toma de conciencia colectiva por parte de las jóvenes que participaban en el movimiento 15M en la que se hicieron plenamente conscientes de que incluso en los espacios más revolucionarios se reproduce ese pacto entre varones que conceptualizara Celia Amorós (Amorós, 2005).

Como bien ha explicado Carmen Galdón (2018) en sus trabajos sobre el feminismo y el 15M, a partir del momento de la pancarta, el feminismo joven imprime un viraje que, aun tomando elementos del feminismo mayoritario hasta ese momento, aporta elementos nuevos y es capaz de ofrecer una cosmovisión completa, que es lo que nos permitirá hablar de cuarta ola más adelante. Se trata de un feminismo que funciona, como el resto de los movimientos sociales ahora mismo, por las redes, pero que también puede convocar multitudinarias manifestaciones: 7N, los últimos 8M... o las de protesta por la sentencia de La Manada. (Sin olvidar que el feminismo más clásico o vinculado a protestas tradicionales también ha sido capaz en los últimos años de celebrar enormes manifestaciones, como la que convocó El Tren de la Libertad contra la reforma de la ley del aborto...).

Las jóvenes feministas beben de las mismas experiencias vitales que sus compañeros de protestas. Son jóvenes precarias, nativas digitales, sin posibilidad de encarar proyectos de vida y futuro, ni laboral ni familiarmente; tampoco pueden plantearse tener hijos, y esa experiencia de precariedad permea absolutamente su visión del mundo. Pero a ellas, además, las marca el hecho de que son mujeres, y eso las lleva a colocar el feminismo en el centro de su visión y de su experiencia. Así comprenden que el neoliberalismo está íntimamente relacionado con la cuestión no solo de la precarización de las vidas, con la necesidad para el sistema de que las mujeres vuelvan a ocupar roles tradicionalmente femeninos, y hacerlo de manera gratuita, sino también con la cuestión ineludible de ver qué cuerpos son más susceptibles de ser convertidos en mercancía, qué vidas tienen menos valor, qué significa la pobreza para las mujeres y qué para los hombres, etc. En un mundo en el que todo es mercancía, las mujeres van a serlo preferentemente, como trabajadoras domésticas, como asalariadas precarias, como carne en el mercado del sexo, como úteros en el mercado de los vientres de alquiler (como repositorios de órganos, en el caso de que este mercado se extendiese), etc. Ante el colapso ecológico y civilizatorio, estas feministas buscan poner la vida en el centro porque es la propia vida la que está en juego. Estas jóvenes feministas incorporan el anticapitalismo a su visión del feminismo, y eso supone un cambio radical respecto al feminismo que hasta ese momento era mayoritario.

Estas feministas también se hacen conscientes de la magnitud de la violencia como un elemento de control social que no les permite ser iguales. Si bien la lucha contra las violencias machistas ha sido desde siempre un asunto de la máxima importancia para el feminismo, en algún momento desde el 15M las feministas jóvenes, alentadas por movimientos que se producían en otros países, como el MeToo, fueron capaces de unir todos los elementos y visibilizar crudamente la estructura de la desigualdad, lo que las condujo a la desnaturalización de los múltiples elementos que construyen la normalidad de la violencia con los que hemos convivido desde siempre. La desigualdad, y sobre todo el armazón que la crea y la sostiene, se hicieron netamente visibles. E insoportables.

Las jóvenes ya no admiten que se pueda pensar en cambios si estos no suponen mejoras radicales en las vidas de las mujeres, que se saben la mitad de la humanidad. Ellas saben que «la revolución será feminista o no será» no es una frase hecha más. Hace referencia al pasado, a nuestra historia, a las revoluciones frustradas para las mujeres; y se vuelca al mismo tiempo sobre el futuro, explicitando que sin feminismo no habrá cambio real y que, sin este cambio centrado en la vida, en el cuidado de esta, posiblemente no haya futuro de ningún tipo para la humanidad.

Para saber más

Lecturas

Amorós, Celia, *La gran diferencia y sus pequeñas consecuencias… para las luchas de las mujeres,* Madrid, Cátedra, Colección Feminismos, 2005.
Galdón Corbella, Carmen, «Feminismo como indicador de coherencia revolucionaria. Una aproximación al feminismo en el movimiento 15M», *Atlánticas: Revista Internacional de Estudios Feministas,* 2017. Puede consultarse online.

— «Cosmovisiones feministas en clave generacional. Del movimiento 15M a la Huelga Feminista del 8M», *Encrucijadas: Revista Crítica de Ciencias Sociales,* vol. 16, 2018. Puede consultarse online.

RANEA TRIVIÑO, Beatriz, *Feminismos,* Madrid, Los Libros de la Catarata, 2019.

Material audiovisual

Huelga feminista. El emocionante cántico de las mujeres en la manifestación en la huelga de Bilbao, vídeo de 3 minutos, 12 segundos. Puede verse online.

8M. ¡La Revolución será feminista o no será!, vídeo de 1 minuto, 56 segundos. Puede verse online.

Sexismo en el arte

Xabier Arakistain

Probablemente, el cartel de 1989 «¿Tienen que estar desnudas las mujeres para entrar en el Metropolitan Museum? Menos del 5 por 100 de los artistas expuestos en las secciones de arte moderno son mujeres, pero el 85 por 100 de los desnudos son femeninos» sea el más conocido del colectivo artístico estadounidense Guerrilla Girls. Su rápida y amplia difusión internacional, junto al resto del trabajo del colectivo, hizo posible que, en el campo del arte, una nueva generación de feministas aprendiéramos a «contar» con él. En la intersección entre el arte y el activismo, las Guerrilla Girls son una voz destacada, tanto del arte feminista *(feminist art)*, es decir, el arte producido desde perspectivas feministas, como de la última etapa del movimiento arte feminista *(Feminist Art Movement)*, el movimiento que aglutina prácticas artísticas y desarrollos teóricos realizados por artistas, críticas e historiadoras de arte feministas entre mediados de los 60 y mediados de los 80 del pasado siglo. El movimiento arte feminista que alumbra un brazo específico en el potente movimiento feminista que tuvo lugar a ambos lados del Atlántico en aquellos años luchó para desbaratar ficciones que, como las de «artista genio» y «obra maestra», sostienen un concepto de arte que se presenta como independiente de su contexto social e histórico. Un concepto que, aunque se forja en el siglo XIX, sigue vigente en la actualidad, ya que esas ficciones sirven para perpetuar los procesos de mistificación de un arte que además se clasifica como mayor o menor dependiendo del sexo —y también de la raza— de quien lo produce. Más aún, la excelencia del arte con mayúsculas, atribuido a aquellos artistas varones a quienes se les reconoce «genialidad», viene determinada por contraposición al valor secundario de un arte menor elaborado por las artistas mujeres. Guerrilla Girls inician su andadura a mediados de los años 80 en contra del renovado ímpetu que con el auge del neoliberalismo experimentan esas ficciones y procesos de mistificación que, dentro y fuera del campo del arte, oprimen y excluyen a las mujeres. Decididas a primar la dimensión política de su práctica y a denunciar el olvido sistemático que las mujeres sufren en las sociedades contemporáneas, el colectivo decidió mantener en el anonimato a sus componentes, que se ocultan bajo máscaras de gorila y adoptan nombres de mujeres insignes ya fallecidas. El trabajo de Guerrilla Girls ofrece una visión general de los diferentes niveles y procesos que consolidan el sexismo en el arte, sin olvidar las conexiones que estos procesos mantienen con otras instituciones y ámbitos culturales y sociales. De hecho, es comparando la posición que las mujeres ocupan en el arte con la que ocupan, por ejemplo, en la política o la empresa como el colectivo ha impugnado la creencia popularmente extendida de que el campo del arte es un terreno de vanguardia social, visibilizando su carácter conservador y su resistencia como bastión del sexismo. Además, la voluntad de Guerrilla Girls por traspasar las barreras levantadas por y para el campo del arte las ha conducido a explorar territorios próximos de la producción cultural que, como el del cine, también relegan a las mujeres. Esta voluntad responde a la naturaleza activista de Guerrilla Girls que fundamenta su práctica en el hecho de que conciben el arte como un producto social e histórico y que consideran que solo analizando las condiciones materiales de su producción se comprende su funcionamiento. La defensa de esta posición que todavía hoy atenta frontalmente contra la institución arte las ha llevado a manejar técnicas que, como el diseño gráfico y otros recursos usados por la publicidad, se han empleado con profusión en el activismo político. Y ha sido el cartel, que utilizaron tanto las sufragistas como las militantes feministas de los 60 y 70, el principal soporte con el que ha experimentado el colectivo artístico hasta convertirse en su seña de identidad. En ellos, juegan a estetizar el lenguaje de la estadística, que cuantifica la realidad de las mujeres en el campo del arte y en otros ámbitos de actividad, para poner de manifiesto el hasta ahora estrepitoso fracaso de las llamadas sociedades democráticas en alcanzar la igualdad entre hombres y mujeres. Estos carteles que sitúan en primer plano las complejas interacciones entre los agentes y los conceptos que rigen el campo del arte son, además, la base de sus actividades, que incluyen desde su colocación en espacios públicos, por ejemplo a las puertas de galerías de arte de Nueva York, hasta diferentes acciones en museos y otras instituciones artísticas.

Para saber más

Lecturas

Méndez, Lourdes, *Antropología del campo artístico. Del arte primitivo al contemporáneo,* Madrid, Síntesis, 2009.
Nochlin, Linda [1971], «Why Have There Been No Great Women Artists?», en *Women, Art and Power and Other Essays,* Boulder (CO), Westview Press, 1988. [Hay traducción al español de Ana María García Kobeh, «¿Por qué *no* han existido grandes artistas mujeres?», en Karen Cordero e Inda Sáenz (comps.), *Crítica feminista en la teoría e historia del arte,* México, Universidad Iberoamericana, 2001].
Pollock, Griselda, y Parker, Rozsika, *Old Mistresses: Women, Art and Ideology,* Londres, Pandora Press, 1981.
— *Framing Feminism Art and the Women's Movement 1970-1985,* Londres, Pandora Press, 1987.
Southgate, Anna (ed.), *The Art of Feminism,* San Francisco, Chronicle Books, 2018.

Material audiovisual

Conociendo a Guerrilla Girls, Hoyesarte. Puede verse online.
Guerrilla Girls: Art and Feminism / Guerrilla Girls: Arte y Feminismo. Puede verse online.
«Guerrilla Girls: Not ready to make nice» (2015), Chris Filippone & Chris Rogy. Puede verse online.
Guerrillas in our midst, Amy Harrison, 1992.
Not for sale, documental de Laura Cottingham, subtitulado en español, 1998. Puede verse online.
The Guerrilla Girls interviewed by Xabier Arakistain, Xabier Arakistain, 2013. Puede verse online.
W.A.R. Women Art Revolution, Lynne Herschman Leeson, 2010. Puede verse online.

¡Hermana, no estás sola!

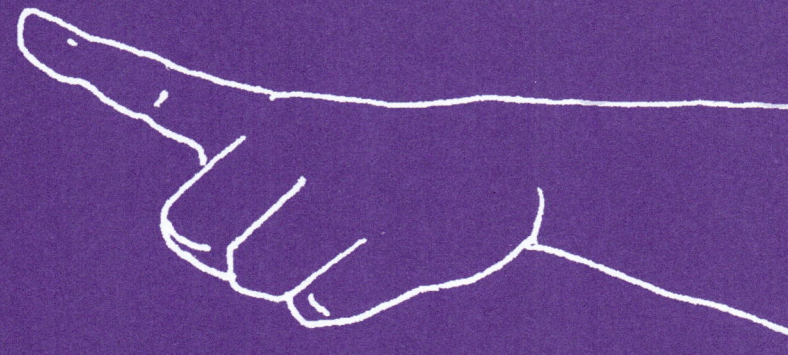

Sororidad

Isabel Balza

La sororidad (del latín *soror,* «hermana», en francés *sororité,* en inglés *sorority* y *sisterhood,* y en euskera *ahizpatasuna*[1]) nombra la alianza y la solidaridad entre mujeres que buscan establecer relaciones entre iguales fomentando la confianza y el apoyo mutuo.

El 15 de octubre de 2017, a raíz del estallido del escándalo Weinstein, la actriz Alyssa Milano invita en las redes sociales a utilizar el hashtag #MeToo a quien haya sido víctima de violencia sexual. Comienza así el movimiento MeToo, que se distingue por su proyección mediática global, y que cristaliza otras luchas previas. De hecho, la leyenda elegida es un lema ya utilizado en 2007 por la activista afroamericana Tarana Burke para dar voz a las víctimas de agresiones. En España, a partir de noviembre de 2017, se suceden las protestas en torno al tratamiento judicial y mediático de un caso de agresión sexual a una mujer de 18 años. Los dos eslóganes que acompañan las movilizaciones de apoyo a la víctima, «Yo sí te creo» y «Hermana, no estás sola», se van a erigir en emblemas del movimiento feminista. Las consignas del «A mí también» y el «No estás sola» van a transformar la violencia sexual en una cuestión pública

---

[1] El término vasco resalta una de las ideas fundamentales del concepto de sororidad, al estar formado a partir del vocablo *ahizpa,* que significa «hermana de mujer», ya que la lengua vasca tiene en cuenta el sexo de los dos elementos de la relación de hermandad. El término para la hermana de varón es *arreba.*

compartida por muchas, destapando la vivencia privada sufrida en soledad. Su objetivo es desmantelar el tabú y el estigma de la violencia sexual combatiendo el silencio, la vergüenza y la culpa que sienten las mujeres: el «no estás sola» de las protestas colectiviza y politiza su experiencia personal y aglutina mucho del sentido de uno de los principios ético-políticos fundamentales del feminismo contemporáneo: la sororidad.

Esta hermandad entre mujeres fue ya propuesta con el término *sisterhood* por Kate Millett, referente fundamental del feminismo radical de la segunda ola de los años 70. Este temprano ideal de sororidad tuvo ya en cuenta la heterogeneidad del colectivo femenino, al contemplar las diferencias de raza, clase y sexualidad entre las mujeres. La sororidad que se defiende ahora insiste en este aspecto interseccional y se pretende inclusiva, al querer integrar a todas las mujeres. Así, las campañas en redes sociales como las del #MeToo o #NoEstásSola revelan la diversidad del activismo de los grupos feministas que se muestra como un fenómeno transnacional. Además, se vinculan con la reivindicación de las redes de apoyo propia del concepto de *affidamento* del feminismo de la diferencia italiano de los años 80, idea de la que se nutre el principio actual de sororidad. La relación de *affidamento* subraya tanto la complicidad y el cuidado, como valores necesarios en los grupos de mujeres, como la importancia de las genealogías que nos entroncan con las experiencias de las otras: nuestras parientas, amigas y ancestras. También resalta el beneficio del reconocimiento de la autoridad femenina, que es mediadora y guía, opuesta a la autoridad jerárquica de signo patriarcal. Ahora las redes sociales permiten ampliar el alcance de estas alianzas feministas sororales.

Pero hay que destacar que, más allá de esta dimensión afectiva, la sororidad muestra su carácter político. Las mujeres nos juntamos para ayudarnos y disfrutar, pero también para participar en la sociedad. Si el patriarcado se distingue por apartar a las mujeres del espacio público, ahora ya no queremos quedarnos fuera de la ciudadanía. Es en este sentido en el que la filósofa británica Carole Pateman analiza los fundamentos del contrato social que instituye la modernidad, donde únicamente los varones son considerados ciudadanos de pleno derecho. De modo que la fraternidad de la tríada «libertad, igualdad, fraternidad» sería un falso universal que solo los incluye a ellos.

Por todo ello, la sororidad no es el reverso de la fraternidad o su versión femenina. Es algo más. Es la crítica al contrato fraternal que constituye el patriarcado y que establece el derecho político de los varones sobre las mujeres, lo que se traduce en dominación sobre sus cuerpos y sus vidas. De ahí toda la violencia sexual que se denuncia. La fraternidad funciona como una categoría patriarcal, y la sororidad es una categoría feminista. Frente a los pactos fraternales que expulsan a las mujeres del terreno de la subjetividad, la sororidad permite instaurar nuevos pactos femenino-feministas por los que las mujeres ya no seremos objetos intercambiables. La unión con nuestras iguales convierte el aislamiento y el miedo en fuerza y alegría. La sororidad permite crear un «nosotras» diverso e inclusivo frente al «vosotras» idéntico y excluyente del patriarcado. Un «nosotras» que se distingue también de las «otras» propio de la enemistad femenina patriarcal, ese reverso de la sororidad, como recuerda la antropóloga mexicana Marcela Lagarde. Por el pacto sororo-feminista, las mujeres ingresamos en el ámbito ético-político del que nos hallamos marginadas en el sistema patriarcal. Y tenemos un objetivo político: el cambio social que implica destruir el patriarcado. Y podemos, porque ya no estamos solas.

Para saber más

Lecturas

Amorós, Celia, «Violencia contra las mujeres y pactos patriarcales», en Virginia Maquieira y Cristina Sánchez (comps.), *Violencia y sociedad patriarcal,* Madrid, Fundación Pablo Iglesias, 1990, págs. 1-15.
— *Tiempo de feminismo. Sobre feminismo, proyecto ilustrado y postmodernidad,* Madrid, Cátedra, Colección Feminismos, 1997.
Lagarde, Marcela, *El feminismo en mi vida. Hitos, claves y topías,* México, Instituto de las Mujeres del Distrito Federal, 2012.
Librería de Mujeres de Milán [1987], *No creas tener derechos. La generación de la libertad femenina en las ideas y vivencias de un grupo de mujeres,* Madrid, Horas y Horas, 1991.
Pateman, Carole [1988], *El contrato sexual,* Barcelona, Anthropos, 1995.

Material audiovisual

Conferencia de Marcela Lagarde sobre «la sororidad», 2013 (duración: 1 hora, 45 minutos). Puede verse online.
El significado de la palabra «sororidad», en Canal Encuentro, María Luisa Femenías, 2018 (duración: 1 minuto). Puede verse online.

Si eres mujer y puedes votar, agradéceselo a una feminista

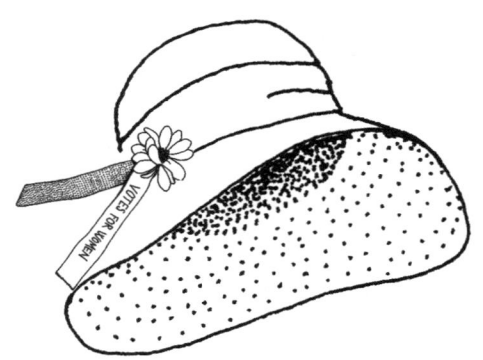

Sufragistas
Eva Palomo

El sufragio universal femenino nos parece hoy tan lógico, natural e incuestionable que resulta difícil imaginar cómo varias generaciones de mujeres tuvieron que dedicar tan inmenso esfuerzo, arriesgando incluso sus vidas, para conquistar un derecho fundamental que les permitiese tener voz y voto en los asuntos públicos de su tiempo. La mayor parte de países han consolidado este derecho a lo largo del siglo xx, como resultado de los diversos procesos de lucha feminista desarrollados en las condiciones económicas, políticas, sociales y culturales propias de cada lugar y momento.

El sufragismo, a pesar de su potencial como movimiento social de masas, y a diferencia del movimiento obrero, fue ignorado, minimizado y distorsionado por buena parte de los historiadores. Solo en las últimas décadas, y desde los estudios de género, filósofas, sociólogas e historiadoras se han dedicado a recuperar y visibilizar las aportaciones de las mujeres al quehacer humano en los distintos ámbitos, además de criticar el androcentrismo que aún recorre las más variadas disciplinas del conocimiento.

El movimiento sufragista fue muy heterogéneo, reuniendo a mujeres de distinta procedencia socioeconómica, cultural, religiosa y política. Ello garantizó un rico y constante —aunque difícil— debate de ideas, tácticas y estrategias en su seno. Algunas sufragistas estuvieron dedicadas exclusivamente a la causa de la igualdad entre mujeres y hombres; otras la compaginaban con otras luchas, contra la esclavitud, la explotación de clase, la guerra o el maltrato animal. Hubo mujeres mejor formadas, más politizadas, que escribieron y teorizaron sobre la desigualdad, mujeres que llegaron a la militancia tras vivir experiencias de injusticia en su vida personal o ser explotadas laboralmente; mujeres centradas en reivindicar el derecho a la educación superior y organizadas en colectivos femeninos que demandaban su acceso al mundo profesional —filósofas, científicas, artistas, escritoras, músicas, deportistas, etc.

Tanto el derecho a la participación política como el objetivo más amplio de alcanzar la plena igualdad jurídica y social en el espacio público y en el privado fueron para las mujeres del siglo XIX una reivindicación heredada de sus antecesoras, quienes ya habían sido excluidas del derecho de ciudadanía tras la Revolución Francesa de 1789. Aunque el relevo se tomó en distintos países, el desarrollo y la magnitud de este movimiento fueron especialmente significativos, y por ello más estudiados, en Estados Unidos y en Gran Bretaña. El XIX se inicia con una reacción conservadora frente a los valores ilustrados anteriores, y no fue hasta los años 30 y 40 cuando las mujeres comenzaron a organizarse como una necesidad para defender su derecho al debate y a poder hablar en público.

Las primeras sufragistas contaban con una experiencia política en la lucha contra la esclavitud en Estados Unidos, aunque tuvieron que agruparse en organizaciones femeninas ante el rechazo de gran parte de los antiesclavistas a su participación en la causa; fue el caso de las hermanas Grimké, pioneras en el activismo antirracista y feminista. Pero no fue hasta 1848 cuando alrededor de un centenar de mujeres y hombres liderados por Elizabeth Cady Stanton y Lucretia Mott debatieron sobre esta forma de desigualdad, volcando su denuncia y reivindicaciones en la *Declaración de derechos y sentimientos* o *Declaración de Seneca Falls,* un verdadero documento fundacional del feminismo que influyó en mujeres de todo el mundo. Veinte años más tarde, el movimiento había crecido dando lugar a potentes organizaciones en todo el país, como fue la NWSA, que durante décadas batalló por unos derechos fundamentales que no fueron reconocidos en la Constitución hasta 1920.

Las sufragistas se enfrentaron al peso de la ideología patriarcal que, sobre la base del argumento de la naturaleza diferente de los sexos, adjudicaba dos esferas separadas, la privada y la pública, a mujeres y hombres respectivamente. A través de la lucha por el voto, buscaron el reconocimiento y la igualdad en todos los ámbitos de la vida, incluido el espacio doméstico y el de las relaciones afectivas, realizando una fuerte crítica al contrato matrimonial, a la doble moral sexual y al mercado prostitucional. El movimiento británico estuvo compuesto por organizaciones como la NUWSS, llamadas «constitucionalistas», y más tarde por las «militantes» de la WSPU, fundada en 1903 por un grupo de activistas lideradas por Emmeline y Christabel Pankhurst, logrando situarse en el centro del debate político y social de principios del siglo XX.

En España, el derecho al voto se aprobó en 1931, durante la Segunda República, gracias a la tenacidad de la diputada Clara Campoamor, quien defendió «el derecho legítimo e indiscutible de la mujer a salir de la servidumbre histórica en que la tenían las leyes hechas por el varón»[1].

Para saber más

Lecturas

González, María Jesús, «El sufragismo británico: narraciones, memoria e historiografía o el caleidoscopio de la historia», *Ayer,* 68 (4), 2007, 273-306.
Miyares, Alicia, «El sufragismo», en Celia Amorós y Ana de Miguel (eds.), *Teoría feminista: de la Ilustración a la globalización,* vol. 1, Madrid, Minerva, 2005, págs. 245-293.
Palomo, Eva, *Sylvia Pankhurst, sufragista y socialista,* Toledo, Almud, 2015.
— «Segunda ola: el sufragismo», en *Feminismos. La historia,* Madrid, Akal, 2019, págs. 87-134.
Purvis, June, y Holton, Sandra S. (eds.), *Votes for women,* Londres, Routledge, 2000.

---

[1] Clara Campoamor, *Mi pecado mortal. El voto femenino y yo,* Sevilla, IAM, 2001, pág. 19.

Material audiovisual

Clara Campoamor. La mujer olvidada, película española dirigida por Laura Mañá y producida por Miriam Porté en 2011.
Iron Jawed Angels, película estadounidense dirigida por Katja von Garnier y producida por Laura McCorkindale en 2004.
Sufragistas, película británica dirigida por Sarah Gavron y producida por Alison Owen en 2015.

No somos vasijas

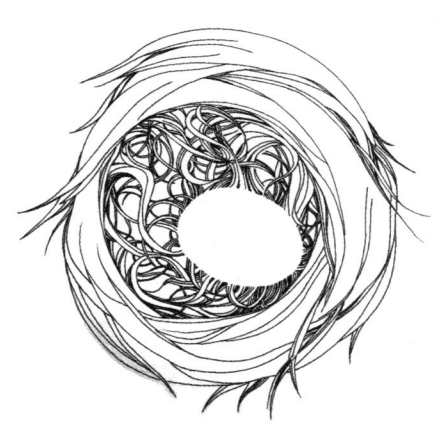

Vientres de alquiler

Alicia Miyares

La práctica de los vientres de alquiler (también llamada «maternidad subrogada») se resume en un «contrato de subrogación» («subrogación» es delegación de competencias) por el cual una mujer se compromete a gestar un embrión para luego entregar el recién nacido a terceras personas, renunciado, así, al derecho de filiación.

En el contexto neoliberal asimétrico y de defensa a ultranza de la libertad de elección, las mujeres pierden. En la defensa acérrima de la libre elección se tiende a considerar la categoría de igualdad como mero juego de intercambios entre personas. Al concebir la igualdad como sinónimo de intercambio, será el mero intercambio el que legitime una práctica. La fascinación por la «libre elección» evita así el análisis de las causas y consecuencias posibles que se derivan de aceptar una práctica social.

Analicemos, pues, la práctica del alquiler de vientres tomando como referente lo antes descrito. Los argumentos favorables a regular dicha práctica derivan de tres premisas:

1) La práctica del alquiler de vientres es una manifestación del deseo expresado de «ser padres».
2) La capacidad reproductiva de las mujeres debe ser entendida como trabajos de su propio cuerpo, esto es, «trabajo reproductivo».

3) Si la capacidad reproductiva es trabajo reproductivo, entonces la filiación no puede estar determinada por el parto y el acto de nacimiento, sino por la intención expresada de ser padres, filiación intencional o volitiva.

Por el contrario, un enfoque crítico y feminista de la realidad nos desvela que los valores de la libertad individual asociada a mejoras económicas o materiales y satisfacción de deseos individuales pueden no ser compatibles con los valores de la justicia sexual. Son las consecuencias de un acto voluntario, consentido y contractual lo que ha de ser objeto de análisis feminista: ¿pueden los deseos individuales equipararse a los derechos? ¿Podemos otorgar validez a un contrato cuya cláusula principal exige la renuncia a un derecho? ¿Podemos dar por válida la figura jurídica del «consentimiento libre» si está viciada de antemano por la necesidad económica? Para el feminismo, hay prácticas que son denunciables *per se* y por sus consecuencias, que apenas son objeto de reflexión cuando se priman los deseos frente a los derechos. El alquiler de vientres es un buen ejemplo de una práctica denunciable en sí misma por la cosificación y mercantilización del cuerpo de las mujeres. Y también por las consecuencias, esto es, mediante un contrato no se puede exigir la renuncia irrevocable a un derecho, el derecho de filiación. Algunas de las razones esgrimidas desde el feminismo serán:

a) La única finalidad del «contrato de gestación subrogada» es asegurar la renuncia del derecho de filiación que corresponde a la madre, garantizando así la filiación y custodia en exclusiva a los subrogantes o «padres intencionales». La renuncia al derecho de filiación implica, a su vez, la pérdida de derechos del recién nacido en lo relativo al derecho a la identidad y vínculo familiar. Además, el «contrato de subrogación» vulnera la idea de dignidad humana, ya que la criatura recién nacida es objeto de una transacción contractual y comercial y quebranta el derecho a la integridad física y moral de las mujeres. Es un contrato abusivo.
b) El feminismo es contrario a un embarazo y parto sometidos a cláusulas contractuales y condiciones impuestas por terceras personas. La prohibi-

ción de abortar o la regulación favorable del alquiler de vientres condena a las mujeres a ser tuteladas por terceras personas. Si las mujeres hemos vencido el modelo de feminidad virginal expresada en el «hágase en mí según tu voluntad», tampoco aceptamos el modelo de maternidad neoliberal que se resume en el «hágase en mí según tu contrato».

c) La libertad no puede ser esgrimida como «valor absoluto» si conculca el reconocimiento de derechos fundamentales de las mujeres. Los derechos no se pueden ceder, ni vender, son inalienables. El límite a la «libertad individual» es que no se puede invocar para avalar una práctica contraria a los derechos reconocidos a todas las mujeres. El derecho a la libertad no legitima el uso o destino que las personas quieran hacer de su cuerpo, ni legitima la apropiación del cuerpo de las mujeres. Nadie puede prestarse a ser medio para que terceras personas satisfagan sus meros deseos.

En la práctica del alquiler de vientres concurren suficientes elementos para definirla como explotación: apropiación de las capacidades reproductivas de las mujeres a beneficio de terceras personas; la ganancia de los padres intencionales (un recién nacido) es pérdida de la madre; no hay principio de imparcialidad, alguien obtiene derechos que a otra le son revocados. Así pues, ni la compensación económica ni el supuesto altruismo evitan la explotación reproductiva: toda compensación económica es compatible con la explotación, ya que ni la vida ni los derechos son cuantificables; a su vez, la opresión tiene su arma más efectiva en la doctrina del autosacrificio o altruismo y allana el camino para la explotación. Los derechos de las mujeres no pueden ser revocados por contrato: no somos vasijas.

Para saber más

Lecturas

Atwood, Margaret, *El cuento de la criada* (novela), Barcelona, Seix Barral, 1987.
Balaguer, María Luisa, *Hij@s del mercado*, Madrid, Cátedra, Colección Feminismos, 2017.

EKMAN, Kajsa Ekis, *El ser y la mercancía. Prostitución, vientres de alquiler y disociación*, Barcelona, Bellaterra, 2017.
GUERRA-PALMERO, María José, «Contra la llamada gestación subrogada. Derechos Humanos y justicia global versus bioética neoliberal», *Gaceta Sanitaria*, vol. 31, núm. 6, Barcelona, noviembre-diciembre de 2017. Puede consultarse online.

Material audiovisual

El cuento de la criada, serie de televisión basada en la novela homónima de Margaret Atwood, 2017.

**Perdonen las molestias,
pero nos están matando**

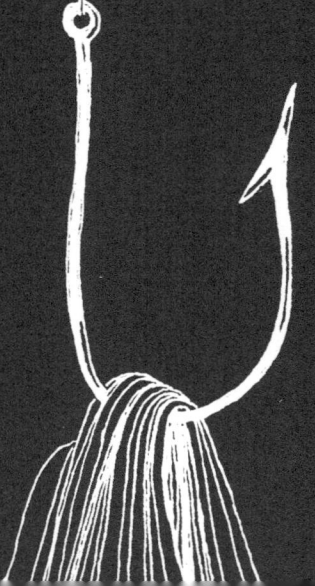

Violencia contra las mujeres

Esperanza Bosch Fiol
Victoria A. Ferrer Pérez

En diferentes foros feministas se ha extendido la expresión «el machismo mata». La evidencia científica muestra que es así, y que esto ocurre porque el sistema social patriarcal inocula a los varones, desde su nacimiento, la convicción de que, por el hecho de serlo, tendrán ciertos privilegios: unos pocos, la élite, dirigirán el mundo; los otros, la inmensa mayoría, podrán ejercer poder sobre las mujeres de su entorno, y tanto unos como otros podrán utilizar la violencia para castigar a quienes intenten subvertir el sistema.

La Declaración de Naciones Unidas sobre la Eliminación de la Violencia contra la Mujer[1] ofrece una de las definiciones para esta violencia que suscitan más consenso:

> todo acto de violencia basado en la pertenencia al sexo femenino que tenga o pueda tener como resultado un daño o sufrimiento físico, sexual o psicológico para la mujer, así como las amenazas de tales actos, la coacción o la privación arbitraria de la libertad, tanto si se producen en la vida pública como en la vida privada.

---

[1] Organización de Naciones Unidas, *Declaración sobre la Eliminación de la Violencia contra la Mujer* (Res. A/R/48/104), Nueva York, 1994. Puede consultarse online.

Además de remarcar que se trata de violencias ejercidas contra las mujeres por el hecho de serlo, esta declaración entiende dichas violencias como violaciones de los derechos humanos de las mujeres y desgrana los diferentes contextos en los que pueden ocurrir (cualquiera donde haya mujeres) y los diferentes tipos que pueden adoptar (violencia física, psicológica, sexual, económica, simbólica, etc.). Estos aspectos han sido vitales para pasar de considerar estas violencias como cuestión privada (como ocurrió durante siglos) a considerarlas como problema social y, por tanto, como una cuestión política. El llamado Convenio de Estambul[2] ratifica esta consideración de la violencia contra las mujeres, y considera responsables a los Estados si no dan respuestas adecuadas.

En cuanto a su magnitud, la OMS[3] considera que la violencia contra las mujeres es un grave problema social y sanitario a nivel mundial, con categoría de pandemia. A modo de ejemplo, un análisis de 2013, con datos de más de 80 países, constató que una de cada tres mujeres (35 por 100) había sido objeto de violencia física y/o sexual, siendo la más frecuente aquella que ocurre en la pareja (con una prevalencia de entre 23,2 por 100 en países de ingresos altos, y 37,7 por 100 en Asia sudoriental).

Estas violencias tienen consecuencias sobre la salud física, psicológica, sexual y social de mujeres y niñas, y pueden ocasionar la muerte. La CEDAW[4] señala que las formas más extremas de estas violencias son los asesinatos por razón de género (incluyendo homicidios intencionados, asesinatos cometidos en nombre del «honor» y suicidios forzados), conocidos como «femicidios» o «feminicidios» a partir de las aportaciones de feministas como Diana Rusell y Jill Radford, que incorporaron el elemento misógino, refiriéndose a ellos como

---

[2] Consejo de Europa, *Convenio del Consejo de Europa sobre Prevención y Lucha contra la Violencia contra la Mujer y la Violencia Doméstica*, en Boletín Oficial del Estado, núm. 137, de 6 de junio de 2014, 42946-42976. Puede consultarse online.

[3] Organización Mundial de la Salud, *Estimaciones mundiales y regionales de la violencia contra la mujer: prevalencia y efectos de la violencia conyugal y de la violencia sexual no conyugal en la salud*, Ginebra, 2013. Puede consultarse online.

[4] Organización de Naciones Unidas, *CEDAW/C/GC/35. Convención sobre la Eliminación de Todas las Formas de Discriminación contra la Mujer*, Nueva York, Autor, 2017. Puede consultarse online.

crímenes de odio contra las mujeres, o de la antropóloga feminista mexicana Marcela Lagarde, que puso el acento en la impunidad con que estos delitos eran considerados por los Estados.

Para entender las causas de estas violencias no sirven explicaciones simplistas o factores individuales. A día de hoy, la evidencia científica confirma que estas violencias tienen múltiples causas, y por ello los modelos explicativos más adecuados para ellas son de tipo multicausal y ecológico. Estas causas ocurren en un contexto social patriarcal donde imperan las desigualdades entre varones y mujeres en los niveles individual, grupal, nacional y mundial, de modo que la construcción social del género y las relaciones asimétricas de género desempeñan un papel clave en la génesis y el mantenimiento de estas violencias[5]. Concretamente, el patriarcado se sustenta en un cuerpo de creencias misógino que considera a las mujeres por naturaleza como inferiores biológica, moral e intelectualmente y desde ahí construye sociedades donde imperan la división sexual (reservando a los varones las tareas productivas y la gestión de la vida pública, y a las mujeres las tareas reproductivas y de cuidado) y la desigualdad (reservando a los varones el liderazgo, y a las mujeres, la sumisión y la dependencia), y donde ese orden de cosas se transmite entre generaciones mediante procesos de socialización diferencial que llevan a las personas a aprender e interiorizar normas, valores, actitudes, expectativas y comportamientos propios de los mandatos de género tradicionales de su entorno, y a recibir sanciones cuando no se ajustan a ellos.

Serán los varones más fuertemente adheridos a la masculinidad hegemónica tradicional, y a sus privilegios, quienes ejercerán violencia contra las mujeres y las niñas desde su sexismo más hostil. Otros muchos, de manera más solapada, y a menudo desde el paternalismo, no cuestionarán sus privilegios, y se beneficiarán de ellos, aunque sea de modo más sutil, como ocurre con los micromachismos. Son, pues, la misoginia, el machismo, el sexismo los que matan, hieren, humillan, controlan y destrozan vidas y legítimas expectativas de millones de mujeres y niñas en el mundo por el mero hecho de serlo.

---

[5] Lori L. Heise, «Violence against women: An integrated ecological framework», *Violence Against Women*, 4, 1998, 262-290.

Para saber más

Lecturas

Bolaño, Roberto, *2666* (novela) Madrid, Anagrama, 2004.
Chacón, Dulce, *Algún amor que no mate* (novela), Madrid, Punto de Lectura, 1996.
Bosch, Esperanza, y Ferrer, Victoria, «El Modelo Piramidal: alternativa feminista para analizar la violencia contra las mujeres», *Revista Estudos Feministas,* Florianópolis, vol. 27, núm. 2, e54189, 2019. Puede consultarse online.
— «El género en el análisis de la violencia contra las mujeres en la pareja: de la "ceguera" de género a la investigación específica del mismo», *Anuario de Psicología Jurídica,* 29 (1), 2019, 69-76. Puede consultarse online.
Lagarde, Marcela, «Del femicidio al feminicidio», *Desde el Jardín de Freud. Revista de Psicoanálisis,* núm. 6, 2006, 216-225. Puede consultarse online.
ONU (Organización de Naciones Unidas), *Estudio a fondo sobre todas las formas de violencia contra la mujer* (AG 61/122/Add.1), Nueva York, Naciones Unidas, 2006. Puede consultarse online.
Walker, Lenore, *El síndrome de la mujer maltratada,* Bilbao, Desclée de Brouwer, 2012.

Material audiovisual

Grbavica. El secreto de Esma, película bosnia dirigida por Jasmila Zbanic en 2006.
El hombre tranquilo, película estadounidense dirigida por John Ford en 1952.
En tierra de hombres, película estadounidense dirigida por Niki Caro en 2005.
La teta asustada, película peruana dirigida por Claudia Llosa en 2009.
Te doy mis ojos, película española dirigida por Icíar Bollaín en 2003.

Autoras/es

María Xosé Agra Romero es doctora en Filosofía y catedrática de Filosofía Moral y Política en la Facultad de Filosofía de la Universidad de Santiago de Compostela (USC). Forma parte del Centro de Investigaciones Feministas y Estudios de Género de la USC. Su investigación se centra en la filosofía política contemporánea, en las teorías de la justicia y en la teoría crítica feminista. Algunas de sus publicaciones recientes son: *¿Olvidar a Clitemnestra? Sobre justicia e igualdad* (USC, 2016) y la introducción y notas al libro de Ursula Hirschmann *Nosotros, sin patria* (Bellaterra, 2019).

Teresa Alario Trigueros es doctora en Historia del Arte y profesora titular de esta materia en la Universidad de Valladolid (UVa). Forma parte de la Cátedra de Estudios de Género de la UVa, cuya dirección ocupa desde 2011 hasta la actualidad. Su principal línea de investigación se ha centrado en los estudios de las mujeres y de género en la historia del arte, siendo su obra más conocida *Arte y feminismo* (Nerea, 2008). Es directora del título propio de postgrado de la UVa *Especialista en Estudios de Género y Gestión de Políticas de Igualdad* desde su creación en 2017.

Paloma Alcalá es profesora de Física y Química de Enseñanza Secundaria. Militante feminista, perteneció al colectivo «Por una educación no sexista en EE.MM.». Fue responsable del programa *Igualdad de Oportunidades entre los sexos: coeducación* en Madrid (1989-1993). Sus líneas de investigación y publicaciones versan sobre las mujeres científicas durante el franquismo y la introducción de la perspectiva feminista en las áreas de ciencias experimentales e itinerarios didácticos y contenidos de los museos de ciencias.

Eva Antón Fernández es doctora en Humanidades por la Universidad de Burgos y especialista universitaria en Agentes de Igualdad entre Mujeres y Hombres por la Universidad de Valladolid (UVa). Forma parte del equipo técnico de la Secretaría Confederal de Mujeres e Igualdad de CC.OO. desde 2006 y es responsable del Centro 8 de Marzo de Investigación, Estudios e Historia de las Mujeres de la Fundación 1.º de Mayo de CC.OO. Forma parte de la Cátedra de Estudios de Género de la UVa desde 2002.

Xabier Arakistain es comisariA de arte. Desde su primera exposición, *Trans Sexual Express,* incorporó la categoría sexo como criterio curatorial. En 2008, preocupadA por los obstáculos en la transmisión del conocimiento feminista, puso en marcha, junto a la antropóloga Lourdes Méndez, el curso anual interdisciplinar, internacional e intergeneracional *Perspectivas feministas en las producciones artísticas y las teorías del arte.* Entre 2007 y 2011 dirigió el Centro Cultural Montehermoso con un proyecto pionero en el desarrollo y la aplicación de políticas de igualdad entre los sexos en los ámbitos del arte, el pensamiento y la cultura contemporáneos.

Fátima Arranz es profesora titular de Sociología de la Facultad de Ciencias Políticas y Sociología de la Universidad Complutense de Madrid. Desde 1997, ha desempeñado tareas de coordinación y docencia en los programas de doctorado y másteres de estudios de género y feministas. Especialista en Metodología en Investigación Social con Perspectiva de Género, ha investigado sobre las relaciones de género en el campo de la ciencia, la violencia de género, el cine y la televisión en España y la literatura infantil y juvenil. Ha sido investigadora invitada en las universidades de California (Santa Cruz y Berkeley) y Harvard. En la Colección Feminismos de la editorial Cátedra ha publicado *Cine y género en España*.

Isabel Balza es doctora en Filosofía con una tesis sobre María Zambrano y profesora titular de Filosofía Moral en la Universidad de Jaén, donde imparte materias tales como Ética del Trabajo Social, Éticas Aplicadas y Teorías y Prácticas del Feminismo. Es miembro del Seminario Permanente de Investigación «Mujer, Ciencia y Sociedad» de esa universidad. Actualmente trabaja sobre filosofía animal y teoría feminista. Sus publicaciones se pueden consultar en: https://isabelbalza.net.

Barbijaputa es el seudónimo de una activista feminista y escritora que mantiene su identidad en el anonimato desde hace más de diez años. Además, es articulista en medios digitales españoles y dirige el podcast de feminismo radical Radiojaputa, un espacio que se mantiene gracias a las contribuciones de su comunidad.

Asunción Bernárdez Rodal es profesora titular en la Facultad de Ciencias de la Información de la Universidad Complutense de Madrid. Sus dos últimos libros publicados han sido *Mujeres en medio(s): propuestas para analizar la comunicación masiva con perspectiva de género* (Fundamentos, 2015) y *Soft power: heroínas y muñecas en la cultura mediática* (Fundamentos, 2018). En la actualidad dirige el proyecto I+D «Produsage cultural en las redes sociales: industria, consumo popular y alfabetización audiovisual en la juventud española con perspectiva de género».

Montserrat Boix es periodista feminista. Trabaja en los Servicios Informativos de Televisión Española. Fue creadora del portal de internet Mujeres en Red en 1997. Investigadora y activista ciberfeminista, en 2002 desarrolló el concepto de «ciberfeminismo social», y en 2006, el de «hacktivismo feminista». Implicada en la producción de contenidos libres y conocimiento libre, es cofundadora de Wikimujeres, un grupo de usuarias creado en 2016 para hacer visible el trabajo y la historia de las mujeres en Wikipedia, revisando el sesgo androcéntrico del conocimiento libre que se está desarrollando en internet.

Esperanza Bosch Fiol es profesora titular de Psicología Básica de la Universidad de las Islas Baleares (UIB), directora del máster universitario en *Políticas de Igualdad y Prevención de la Violencia de Género* de la UIB, investigadora principal del grupo de investigación Estudios de Género y coautora de *Violencia contra las mujeres: el amor como coartada* (Anthropos, 2013), *El laberinto patriarcal* (Anthropos, 2006), *La voz de las invisibles. Las víctimas de un mal amor que mata* (Cátedra, Colección Feminismos, 2002) e *Historia de la misoginia* (Anthropos, 1999), entre otros textos.

Anna Caballé Masforroll es escritora, profesora de Literatura Española en la Universidad de Barcelona, responsable de su Unidad de Estudios Biográficos y crítica literaria. Ha sido profesora visitante en diferentes universidades europeas y americanas. Sus últimos trabajos: *Concepción Arenal. La caminante y su sombra* (Taurus, 2018) y «Víctor Català. El poder de lo real» (2019). Es presidenta de la asociación Clásicas y Modernas, en defensa de la igualdad de género en la cultura, y presidenta honoraria de la Biography Society. Obtuvo el Premio Nacional de Historia en 2019.

Rosa Cobo es profesora titular de Sociología en la Universidad de A Coruña y directora de *Atlánticas: Revista Internacional de Estudios Feministas* de la misma universidad. Ha publicado *Las mujeres españolas: lo privado y lo público* (CIS, 1992), *Fundamentos del patriarcado moderno. Jean Jacques Rousseau* (Cátedra, Colección Feminismos, 1995), *Hacia una nueva política sexual* (Los Libros de la Catarata, 2011) y *La prostitución en el corazón del capitalismo* (Los Libros de la Catarata, 2017). En 2019 editó *La imaginación feminista. Debates y transformaciones disciplinares* (Los Libros de la Catarata). Su último libro, publicado en 2020, es *Pornografía. El placer del poder* (Ediciones B).

Ana de Miguel Álvarez es profesora titular de Filosofía Moral y Política de la Universidad Rey Juan Carlos de Madrid y dirige el ya clásico curso Historia de la Teoría Feminista, que se imparte en la Universidad Complutense de Madrid desde 1991 (29 ediciones). Ha coeditado con Celia Amorós la obra *Teoría feminista: de la Ilustración a la globalización* (3 vols.) (Minerva, 2007). En la Colección Feminismos de la editorial Cátedra ha publicado *Neoliberalismo sexual. El mito de la libre elección* (2015). Ha recibido los premios Ángeles Durán a la innovación científica en estudios de género (Universidad Autónoma de Madrid) y Carmen de Burgos a la divulgación feminista (Universidad de Málaga). Es comadre de oro de la tertulia feminista de las Comadres de Gijón.

María Luisa Femenías es profesora consultora de la Universidad Nacional de La Plata (Argentina), Premio Konex a la Trayectoria Académica 2006-2016 y doctora *honoris causa* de la Universidad Nacional de Córdoba (2017), entre otras distinciones. Se ha especializado en antropología filosófica, teoría de género, los feminismos en América Latina y la filosofía de Judith Butler.

Victoria A. Ferrer Pérez es catedrática de Psicología Social de Género de la Universidad de las Islas Baleares (UIB). Coordinadora en la UIB del doctorado interuniversitario en Estudios Interdisciplinares de Género. Autora de *Feminismo y Psicología Social* (Grupo 5, 2017) y coautora, entre otras obras, de *Violencia contra las mujeres: el amor como coartada* (Anthropos, 2013), *El laberinto patriarcal* (Anthropos, 2006) y *La voz de las invisibles. Las víctimas de un mal amor que mata* (Cátedra, Colección Feminismos, 2002).

Carmen García Colmenares es profesora titular de Psicología Evolutiva de la Facultad de Educación de Palencia. Cofundadora de la Cátedra de Estudios de Género de la Universidad de Valladolid, ha investigado el papel de las maestras y psicólogas republicanas durante la Segunda República. Actualmente su interés se centra en los efectos de la violencia sexuada durante la Guerra Civil y la dictadura.

Dina Garzón es cofundadora y coordinadora de la Red Ecofeminista, asociación de ámbito internacional creada en Madrid en 2012. Ingeniera técnica industrial por la Universidad de Sevilla y la Universidad de Augsburg (Alemania), así como máster de Gestión Ambiental y Energías Renovables, ha trabajado en el Departamento de Proyectos Europeos de la Agencia de la Energía de Andalucía y con Los Verdes en el Parlamento Europeo. Actualmente realiza una intensa labor en diferentes iniciativas cooperativas relacionadas con la ecología, la energía y el ecofeminismo.

Beatriz Gimeno es licenciada en Filología Semítica, activista lgtb y feminista. Presidenta de la FELGTB, una vez conseguido el matrimonio igualitario, abandona el activismo para dedicarse a la escritura. Ha publicado libros de poesía, ensayo feminista y novela, además de decenas de artículos. Milita en Podemos desde sus inicios, ha sido diputada en la Asamblea de Madrid y, desde enero de 2020, es directora del Instituto de la Mujer.

Amalia González Suárez es doctora en Filosofía por la Universidad Complutense de Madrid y profesora jubilada de Educación Secundaria. Sus líneas de investigación son la historia de la filosofía con perspectiva de género, la coeducación y la educación afectivo-sexual. Es autora de: *Mujeres, varones y filosofía: Historia de la filosofía. 2.º de Bachillerato* (Octaedro, 2009), *Hipatia* (Ediciones del Orto, 2002), *La conceptualización de lo femenino en la filosofía de Platón* (Ediciones Clásicas, 1999) y *Aspasia* (Ediciones del Orto, 1997). Entre sus colaboraciones destacan: «Una propuesta para la Educación Secundaria Obligatoria. Sexualidades» (2018), «Mujeres y guerra: cuerpos, territorios y anexiones» (2015), *Pensar con Celia Amorós* (Fundamentos, 2010), *Un año de mujeres* (Instituto Asturiano de la Mujer, 2010) y «Ni ogros ni princesas. Guía para la educación afectivo-sexual en la ESO» (2007).

María José Guerra Palmero es catedrática de Ética y Filosofía Política de la Facultad de Humanidades de la Universidad de La Laguna. Ha sido presidenta de la Red Española de Filosofía de 2017 a 2019 e investigadora principal, junto a Eva Darias, del proyecto de investigación *Justicia, ciudadanía y vulnerabilidad. Narrativas de la precariedad y enfoques interseccionales* (FFI2015-63895-C2-1-R). Sus líneas de investigación son la teoría feminista, la ética aplicada y la filosofía ética y política contemporánea.

Roberta Lee Johnson es profesora emérita de Kansas University y profesora adjunta del Department of Spanish and Portuguese en la University of California, Los Ángeles. Especialista en el pensamiento hispánico, galardonada con diversos premios y distinciones, es autora de más de cien artículos y de numerosos libros, entre los que citaremos *Crossfire: Philosophy and the Novel in Spain 1900-1934* (The University Press of Kentucky, 2009). Ha coeditado *Spanish Women Writers and Spain's Civil War* (Routledge, 2016) y *A New History of Iberian Feminisms* (University of Toronto Press, 2018). Su libro más reciente es *Major concepts in Spanish Feminist Theory* (State University of New York, 2019). En la Colección Feminismos de la editorial Cátedra ha codirigido *Antología del pensamiento feminista español 1726-2011*.

Marián López Fdz. Cao es catedrática de Educación Artística de la Universidad Complutense de Madrid (UCM) y vicepresidenta del European Consortium of Arts Therapies Education (ECARTE). Ha sido directora del Instituto de Investigaciones Feministas de la UCM y presidenta de la asociación Mujeres en las Artes Visuales. Ha desarrollado proyectos de investigación nacionales e internacionales como *Divercity*, diversidad en museos y ciudad; *Ariadne*, para mejorar el bienestar de los migrantes a través del arte, y *Aletheia: arteterapia, trauma y memoria emocional*.

Teresa López Pardina es doctora en Filosofía por la Universidad Complutense de Madrid (UCM) y miembro del Consejo del Instituto de Investigaciones Feministas. Catedrática de Filosofía de IES, ha sido profesora en el curso Historia de la Teoría Feminista de la UCM. Reconocida especialista en Simone de Beauvoir, es la autora del prólogo a la edición española de *El segundo sexo* publicada en la Colección Feminismos de la editorial Cátedra. Entre sus numerosas obras, destaca *Simone de Beauvoir, una filósofa del siglo xx* (Universidad de Cádiz, 1998).

Marta Madruga Bajo. Doctora en Filosofía, forma parte de la Cátedra de Estudios de Género de la Universidad de Valladolid (UVa) y de la Red Ecofeminista. Es profesora de Filosofía en la Enseñanza Secundaria y de Teoría Feminista en el postgrado *Especialista en Estudios de Género y Gestión de Políticas de Igualdad* de la UVa. En la Colección Feminismos de la editorial Cátedra ha publicado *Feminismo e Ilustración. Un seminario fundacional* (2020), libro centrado en la filósofa Celia Amorós y su grupo de investigación que tanto impacto han tenido en el pensamiento feminista en lengua castellana.

Alicia Miyares Fernández es una filósofa y escritora feminista destacada por sus trabajos sobre igualdad y política, paridad, educación, derechos de ciudadanía y consolidación del liderazgo de las mujeres. En *Democracia feminista,* publicado en la Colección Feminismos de la editorial Cátedra, defiende que el feminismo es una teoría política con el mismo sentido de transformación de la realidad que tuvieron el liberalismo y la socialdemocracia. También se ha centrado en los aspectos sociales, políticos y morales del siglo xix y su repercusión en la historia del feminismo; fruto de esta línea investigadora es el libro *Nietzsche y la edad de la comparación* (Trabe, 2002).

Cristina Molina Petit es doctora en Filosofía por la Universidad Complutense de Madrid. Fue profesora de Lógica e Historia de la Filosofía en la misma universidad y de Estética en la ETSA de Madrid. Posteriormente, trabajó en Nueva York, en la agencia de noticias Interpress con sede en la ONU, y realizó estudios de postgrado en la Universidad de Columbia. Es autora de *Dialéctica feminista de la Ilustración* (Cátedra, Colección Feminismos, 2.ª ed., 2018) y de numerosos artículos y capítulos de libros publicados en el entorno del Instituto de Investigaciones Feministas de la Universidad Complutense de Madrid.

Isabel Morant Deusa es catedrática emérita de la Universitat de València. Ha participado en el proyecto de construcción de la Historia de las Mujeres en Europa y América Latina. En este campo, estudia las trayectorias intelectuales de mujeres ilustradas en Francia y en España. Ha dirigido la *Historia de las mujeres en España y América Latina,* publicada entre 2004 y 2005 por la editorial Cátedra.

Soledad Murillo de la Vega formó parte de los equipos de empleo en el Instituto de la Mujer a finales de los años 80. Profesora de Sociología de la Universidad de Salamanca, creó el primer doctorado de género y el primer Seminario de Estudios de la Mujer en 1995. Ocupó el primer cargo político de igualdad en la VIII legislatura y participó en el desarrollo de las leyes contra la violencia de género y la ley de igualdad. Fue miembro del Comité CEDAW de Naciones Unidas. Es autora de *El mito de la vida privada: de la entrega al tiempo propio* (Siglo XXI, 1996) y ha dirigido la obra *Ciudadanía activa: asociacionismo de mujeres* (Sargantana, 2003).

Asunción Oliva Portolés, doctora en Filosofía y catedrática de Filosofía en Enseñanza Secundaria, perteneció al Consejo del Instituto de Investigaciones Feministas de la Universidad Complutense de Madrid (UCM) y participó en el curso Historia de la Teoría Feminista. Entre su obra publicada destacan los libros *La pregunta por el sujeto en la teoría feminista: el debate filosófico actual* (UCM, 2009), *La recuperación de una voz marginada: Doria Shafik, feminista egipcia* (Huerga y Fierro, 2010) y *Miradas feministas: del postcolonialismo a la globalización* (Fundamentos, 2017). Asimismo, colaboró en obras colectivas como *Teoría feminista: de la Ilustración a la globalización* (Minerva, 2005) y *Multiculturalismo y Feminismo* (Instituto de la Mujer, 2007). En el transcurso de la publicación de este libro, debemos lamentar su fallecimiento.

Eva Palomo Cermeño es doctora, profesora en la Universidad Rey Juan Carlos de Madrid e investigadora en temas de igualdad de género, historia de la teoría feminista, las ideas feministas y los movimientos de mujeres o la ética y la mercantilización de la vida íntima. Ha publicado diversos artículos, capítulos en obras colectivas y libros, centrándose en el análisis de las ideas feministas en los siglos XIX y XX y su relación con otros movimientos sociales. En 2015 publicó en la editorial Almud la obra *Sylvia Pankhurst, sufragista y socialista*.

Verónica Perales Blanco es investigadora y profesora titular en el Departamento de Bellas Artes de la Universidad de Murcia. Su investigación, igual que su práctica artística, se sitúa en la encrucijada del arte, la tecnología y la ecología, desde una perspectiva de género. Desde 2009 mantiene una línea de creación ecofeminista, hibridando técnicas tradicionales con narrativas transmedia y medios locativos. Forma parte de la Cátedra de Estudios de Género de la Universidad de Valladolid y de la Red Ecofeminista. Su página web: www.veronicaperales.eu.

Eulalia Pérez Sedeño es profesora de Investigación en Ciencia, Tecnología y Género en el CSIC, catedrática de Lógica y Filosofía de la Ciencia y coordinadora de la Red Iberoamericana de Ciencia, Tecnología y Género. Entre sus publicaciones destacan *Un universo por descubrir. Género y astronomía en España* (Plaza y Valdés, 2010), *Cuerpos y diferencias* (Plaza y Valdés, 2012), *Cartografías del cuerpo* (Cátedra, Colección Feminismos, 2014), *Las «mentiras» científicas sobre las mujeres* (Los Libros de la Catarata, 2017) o *Knowledges, Practices and Activism from Feminist Epistemologies* (Vernon Press, 2019).

Luisa Posada Kubissa es profesora titular de Filosofía en la Universidad Complutense de Madrid (UCM), donde imparte Teoría Feminista. Fue directora del magister en Estudios de las Mujeres de la UCM hasta 2008 y es miembro del Consejo del Instituto de Investigaciones Feministas de esa universidad desde 1992. Entre sus publicaciones destacan los libros *Sexo y esencia* (Horas y Horas, 1998), *Celia Amorós* (Ediciones del Orto, 2000), *Razón y conocimiento en Kant* (Biblioteca Nueva, 2008), *Sexo, vindicación y pensamiento* (Huerga y Fierro, 2012), *Filosofía, crítica y (re)flexiones feministas* (Fundamentos, 2015). En la Colección Feminismos de la editorial Cátedra ha publicado *¿Quién hay en el espejo? Lo femenino en la filosofía contemporánea* (2019).

Alicia H. Puleo es catedrática de Filosofía Moral y Política de la Universidad de Valladolid. Desde el año 2014, dirige la Colección Feminismos de la editorial Cátedra. Sus trabajos sobre filosofía y feminismo han sido publicados en numerosos países de América y Europa. Entre sus libros cabe destacar *Dialéctica de la sexualidad* (Cátedra, Colección Feminismos, 1992), con el que fue finalista del Premio Nacional de Ensayo; *Ecofeminismo para otro mundo posible* (Cátedra, Colección Feminismos, 2011), y *Claves ecofeministas. Para rebeldes que aman a la Tierra y a los animales* (Plaza y Valdés, 2019). Su página web: www.aliciapuleo.net.

Concha Roldán es profesora de investigación en el Instituto de Filosofía del Consejo Superior de Investigaciones Científicas (CSIC), que actualmente dirige. Preside la Asociación Española de Ética y Filosofía Política (AEEFP) y la Red Transversal de Estudios de Género (GENET). Es investigadora principal de los proyectos *Philosophy of History and Globalisation of Knowledge. Cultural Bridges Between Europe and Latin America* (WORLDBRIDGES) y *El desván de la razón: cultivo de las pasiones, identidades éticas y sociedades digitales* (PAIDESOC). Premio TOP 100 2019: *Mujeres Líderes en España,* categoría: Pensadoras y expertas: https://lastop100.com/.

Rosalía Romero Pérez es doctora en Filosofía por la Universidad Complutense de Madrid (UCM), profesora y escritora. Entre sus publicaciones citaremos los libros *Los desafíos del feminismo ante el siglo XXI* (Instituto Andaluz de la Mujer, 2000), *Pensadoras del siglo XX* (Instituto Andaluz de la Mujer, 2001), *En torno al pensamiento crítico: Michel Foucault y la teoría feminista* (UCM, 2002), *Flora Tristán. Feminismo y socialismo* (Los Libros de la Catarata, 2003), *Amelia Valcárcel* (Ediciones del Orto, 2003), *Oliva Sabuco: filósofa del Renacimiento español* (Almud, 2008) y *Kate Millett. Género y política* (Sequitur, 2018).

Octavio Salazar Benítez es catedrático de Derecho Constitucional de la Universidad de Córdoba y miembro de la Red Feminista de Derecho Constitucional y de la asociación Clásicas y Modernas. En la actualidad es responsable de un proyecto de investigación sobre interpretación del Derecho en clave de igualdad de género. Autor, entre otras publicaciones, de *Masculinidades y ciudadanía: los hombres también tenemos género* (Dykinson, 2013), *Autonomía, género y diversidad* (Tirant lo Blanch, 2017), *#WeToo: brújula para jóvenes feministas* (Planeta, 2019) e *Igualdad, género y Derecho* (Olejnik, 2019).

Iván Sambade Baquerín es profesor de Filosofía en la Universidad de Valladolid, miembro de la Cátedra de Estudios de Género de esta misma universidad y presidente de «Codo a codo. Asociación de Hombres por la Igualdad de Palencia». Entre sus publicaciones destaca el libro *Masculinidades, violencia e igualdad* (Universidad de Valladolid, 2020) y artículos como «Medios de comunicación, democracia y subjetividad masculina» (2008). Imparte docencia en títulos de postgrado sobre Estudios de Género y Teoría Feminista en diversas universidades españolas.

Aimé Tapia González es profesora investigadora en la Universidad de Colima (México). Forma parte del comité editorial de la revista *GénEros* de esta universidad. Es doctora en Filosofía por la Universidad de Valladolid y maestra (máster) en Filosofía de la Cultura por la Universidad Michoacana de San Nicolás de Hidalgo, Morelia (México). Sus áreas de interés son la filosofía feminista, los feminismos Sur y la ética ambiental. En la Colección Feminismos de la editorial Cátedra ha publicado el libro *Mujeres indígenas en defensa de la Tierra* (2018).

Towanda Rebels son Zua Méndez y Teresa Lozano, una humanista y una periodista, ambas actrices y amigas que, hartas de ser, como mujeres, testigos y protagonistas de injusticias y desigualdades, decidieron crear un canal de YouTube desde el que tratar los actuales retos del feminismo. Son también divulgadoras y creadoras de campañas feministas virales como #YoTeCreo, #HolaPutero y #MafiaReproductiva, entre muchas otras. En 2018 publicaron su primer libro *#HolaGuerrera,* en la editorial Aguilar.

Amelia Valcárcel es catedrática de Filosofía Moral y Política de la UNED, consejera electiva de Estado, vicepresidenta del Real Patronato del Museo del Prado y doctora *honoris causa* por las universidades de Veracruz, UNANL y Valencia. Es autora de una veintena de libros, setenta capítulos en obras colectivas, más de cien artículos y dos veces finalista del Premio Nacional de Ensayo. Sus libros más recientes son *La memoria y el perdón* (Herder, 2010), *Ensayos sobre el bien y el mal* (Saltadera, 2018) y *Ahora, Feminismo. Cuestiones candentes y frentes abiertos,* este último, en 2019, en la Colección Feminismos de la editorial Cátedra.

 **Angélica Velasco Sesma** es doctora en Filosofía por la Universidad de Valladolid y la Universidad de Salamanca, profesora de Ética y Filosofía Política en la Universidad de Valladolid y secretaria académica de la Cátedra de Estudios de Género de esta misma universidad. Sus investigaciones están centradas en la ética ambiental, la ética animal y la filosofía ecofeminista. En la Colección Feminismos de la editorial Cátedra ha publicado *La ética animal: ¿una cuestión feminista?* (2017).

Índice

PRÓLOGO (Alicia H. Puleo) 9
SOBRE LAS IMÁGENES (Verónica Perales) 13
ANDROCENTRISMO (Marta Madruga Bajo y Verónica Perales Blanco)
    ¡Somos la mitad! 15
AUTONOMÍA (Concha Roldán)
    No deseo que las mujeres tengan poder sobre los hombres, sino sobre sí mismas (Mary Wollstonecraft) 21
BELLEZA COMO SUJECIÓN (Soledad Murillo)
    Nuestro cuerpo nos pertenece 27
BRECHA DIGITAL (Montserrat Boix)
    Juntas tenemos más fuerza 33
BRECHA SALARIAL (Eva Antón)
    ¡A igual trabajo, igual salario! 39
CIBERACOSO (Barbijaputa)
    #AlertaMachitroll 45
CIUDAD DE LAS MUJERES (Marián López Fdz. Cao)
    La calle y la noche también son nuestras 51
COSIFICACIÓN (Asunción Bernárdez)
    No vemos mujeres, sino representaciones de muñecas 57

CUERPO DE LAS MUJERES EN EL ARTE (Teresa Alario Trigueros)
  Tu cuerpo es un campo de batalla 63

DESORDEN DE LAS MUJERES Y CONTRATO SEXUAL (María Xosé Agra Romero)
  Nos quieren sumisas, nos tienen combativas 69

DIFERENCIA (Roberta Johnson)
  Diferentes pero iguales 75

EDUCACIÓN AFECTIVO-SEXUAL (Amalia González Suárez)
  Sin feminismo, no hay educación sexual valiosa 81

EDUCACIÓN FEMINISTA (Paloma Alcalá)
  Ni princesas indefensas ni machitos violentos, una educación feminista para cambiarlo todo (Manifestación 8M, 2018) 87

EMERGENCIA CLIMÁTICA (Dina Garzón)
  No hay planeta B 93

EMPODERAMIENTO (Luisa Posada Kubissa)
  Ni sumisa ni callada, mujer fuerte, empoderada 99

ETERNO FEMENINO (Teresa López Pardina)
  No se nace mujer, se llega a serlo (Simone de Beauvoir) 105

ÉTICA DEL CUIDADO (Angélica Velasco Sesma)
  Cuidados para la vida, autocuidados para vivir 111

FEMINISMO DESDE ABYA YALA (Aimé Tapia González)
  Ni la tierra ni las mujeres somos territorio de conquista 117

FEMINISMO RADICAL (Rosalía Romero Pérez)
  El feminismo es la noción radical de que las mujeres son personas 123

FEMINIZACIÓN DE LA POBREZA (Rosa Cobo)
  Si nosotras paramos, se para el mundo 129

GENEALOGÍAS FEMENINO-FEMINISTAS (Carmen García Colmenares)
  Somos las hijas de las brujas que no pudisteis quemar 135

Género (Asunción Oliva)
La construcción social de los géneros tal como nos es conocida no es sino la construcción misma de la jerarquización patriarcal (Celia Amorós) 141

Hombres profeministas (Octavio Salazar Benítez e Iván Sambade Baquerín)
El feminismo no es una guerra contra los hombres, sino contra el patriarcado ... 147

Interrupción voluntaria del embarazo (María Luisa Femenías)
Educación sexual para decidir, anticonceptivos para no abortar y aborto legal para no morir 153

Interseccionalidad (María José Guerra Palmero)
La opresión atraviesa el sexo, la clase y la raza (Black lives matter) 159

Lo que nos pasa es político (Amelia Valcárcel)
Lo personal es político 165

Mansplaining (*Towanda Rebels:* Teresa Lozano y Zua Méndez)
[...] una de las maneras en las que, en una conversación educada, se expresa el poder (Rebecca Solnit) 171

Misoginia (Anna Caballé)
En todas las civilizaciones y todavía hoy, las mujeres inspiran horror a los hombres: es el horror de su propia contingencia carnal proyectado sobre ellas (Simone de Beauvoir) 177

Mística de la feminidad (Cristina Molina Petit)
El malestar que no tiene nombre (Betty Friedan) 183

Mito de la libre elección (Ana de Miguel Álvarez)
El feminismo no cuestiona las decisiones individuales de las mujeres, sino las razones que las obligan a tomarlas (Celia Amorós) 189

Mujeres científicas: cuando el sexo importa (Eulalia Pérez Sedeño)
We can do it! 195

Paridad (Amelia Valcárcel)
La mitad de todo 201

Pasión por el saber (Isabel Morant)
    Las Luces solo se curan con más Luces (Madame de Staël) 207

Patriarcado (Alicia H. Puleo)
    No es un caso aislado, es el patriarcado 213

Pornosociedad (Fátima Arranz)
    La erótica es tan diferente de la pornografía como el amor lo es de la violación, la dignidad de la humillación, la sociedad de la esclavitud y el placer del dolor (Gloria Steinem) 219

Revolución (Beatriz Gimeno)
    La revolución será feminista o no será 225

Sexismo en el arte (Xabier Arakistain)
    ¿Tienen que estar desnudas las mujeres para entrar en el Metropolitan Museum? (Guerrilla Girls) 231

Sororidad (Isabel Balza)
    ¡Hermana, no estás sola! 237

Sufragistas (Eva Palomo)
    Si eres mujer y puedes votar, agradéceselo a una feminista 243

Vientres de alquiler (Alicia Miyares)
    No somos vasijas 249

Violencia contra las mujeres (Esperanza Bosch Fiol y Victoria A. Ferrer Pérez)
    Perdonen las molestias, pero nos están matando 255

Autoras/es 261

Colección Feminismos

Títulos publicados

1. *Las Románticas (Escritoras y subjetividad en España, 1835-1850)*, Susan Kirkpatrick.
2. *El infinito singular*, Patrizia Violi.
3. *Antropología y feminismo*, Henrietta L. Moore (5.ª ed.).
4. *Deseo y ficción doméstica*, Nancy Armstrong.
5. *Musa de la razón (La democracia excluyente y la diferencia de los sexos)*, Geneviève Fraisse.
6. *Dialéctica de la sexualidad (Género y sexo en la filosofía contemporánea)*, Alicia H. Puleo.
7. *Yo, tú, nosotras*, Luce Irigaray.
8. *Equidad y género (Una teoría integrada de estabilidad y cambio)*, Janet Saltzman.
9. *Alicia ya no (Feminismo, Semiótica, Cine)*, Teresa de Lauretis.
10. *El niño de la noche (Hacerse mujer, hacerse madre)*, Silvia Vegetti Finzi.
13. *El poder del amor (¿Le importa el sexo a la democracia?)*, Anna Jónnasdóttir.
14. *La construcción sexual de la realidad (Un debate en la sociología contemporánea de la mujer)*, Raquel Osborne (2.ª ed.).
19. *Los otros importantes*, Whitney Chadwick y Isabelle de Courtivron (eds.).
20. *La construcción del sexo (Cuerpo y género desde los griegos hasta Freud)*, Thomas Laqueur.
23. *Fundamentos del patriarcado moderno. Jean Jacques Rousseau*, Rosa Cobo.
24. *Psicoanálisis y feminismo. Pensamientos fragmentarios*, Jane Flax.
25. *La ciudad de las pasiones terribles (Narraciones sobre peligro sexual en el Londres victoriano)*, Judith R. Walkowitz.
26. *El matrimonio de Raffaele Albanese (Novela antropológica)*, Luisa Accati.
27. *Hacia una teoría feminista del Estado*, Catharine A. MacKinnon.
28. *Ciencia, cyborgs y mujeres (La reinvención de la naturaleza)*, Donna J. Haraway.
30. *La herejía lesbiana (Una perspectiva feminista de la revolución sexual lesbiana)*, Sheila Jeffreys.
31. *Maternidad y políticas de género*, Gisela Bock y Pat Thane (eds.).
32. *Ecofeminismos*, Barbara Holland-Cunz.
33. *Las filósofas (Las mujeres protagonistas en la historia del pensamiento)*, Giulio de Martino y Marina Bruzzese (2.ª ed.).
35. *Figuras de la madre*, Silvia Tubert (ed.).

36. *Lo que quiere una mujer. (Historia, política, teoría. Escritos, 1981-1995)*, Alessandra Bocchetti (2.ª ed.).
38. *La política de las mujeres*, Amelia Valcárcel (5.ª ed.).
39. *Andamios para una nueva ciudad (Lecturas desde la antropología feminista)*, Teresa del Valle.
40. *El pensamiento filosófico de Lou Andreas-Salomé*, Arantzazu González.
41. *Tiempo de feminismo (Sobre feminismo, proyecto ilustrado y postmodernidad)*, Celia Amorós (3.ª ed.).
42. *Pasado próximo (Mujeres romanas de Tácita a Sulpicia)*, Eva Cantarella.
43. *Figuras del padre*, Silvia Tubert (ed.).
46. *Las mujeres y el cine (A ambos lados de la cámara)*, E. Ann Kaplan.
47. *Nueva crítica feminista de arte (Estrategias críticas)*, Katy Deepwell (ed.).
48. *El malestar en la desigualdad*, María Jesús Izquierdo.
49. *La misoginia en Grecia*, Mercedes Madrid.
52. *La loca del desván (La escritora y la imaginación literaria del siglo XIX)*, Sandra M. Gilbert y Susan Gubar.
53. *Trabajo social feminista*, Lena Dominelli y Eileen McLeod.
54. *Mujeres de los márgenes (Tres vidas del siglo XVII)*, Natalie Zenon Davis.
56. *La mujer española y otros escritos*, Emilia Pardo Bazán.
57. *Si Aristóteles levantara la cabeza (Quince ensayos sobre las ciencias y las letras)*, María Ángeles Durán.
58. *Lo femenino y lo sagrado*, Catherine Clément y Julia Kristeva.
60. *Género, identidad y lugar (Un estudio de las geografías feministas)*, Linda McDowell.
61. *Galería de escritoras isabelinas (La prensa periódica entre 1833 y 1895)*, Íñigo Sánchez Llama.
62. *El cuerpo-palabra de las mujeres (Los vínculos ocultos entre el cuerpo y los afectos)*, Gabriella Buzzatti y Anna Salvo.
63. *Misoginia y defensa de las mujeres (Antología de textos medievales)*, Robert Archer.
64. *En el corazón de la libertad (Feminismo, sexo e igualdad)*, Drucilla Cornell.
65. *Vida del espíritu y tiempo de la polis (Hannah Arendt entre filosofía y política)*, Simona Forti.
66. *Género, espacio y poder (Para una crítica de las Ciencias Políticas)*, Mino Vianello y Elena Caramazza.
67. *Ensayos sobre la igualdad sexual*, John Stuart Mill y Harriet Taylor Mill.
69. *Cuerpos sexuados, objetos y prehistoria*, María Encarna Sanahuja Yll.
70. *Feminismo y modernidad en Oriente Próximo*, Lila Abu-Lughod (ed.).
71. *Herederas y Heridas (Sobre las élites profesionales femeninas)*, María Antonia García de León.

72. *La voz de las invisibles (Las víctimas de un mal amor que mata)*, Esperanza Bosch y Victoria A. Ferrer.
73. *Mujer, modernismo y vanguardia en España (1898-1931)*, Susan Kirkpatrick.
74. *Democracia feminista*, Alicia Miyares.
75. *Mi vida hasta ahora*, Betty Friedan.
76. *Movimientos de mujeres en América Latina (Estudio teórico comparado)*, Maxine Molyneux.
77. *Los dos gobiernos: la familia y la ciudad*, Geneviève Fraisse.
79. *¿Tiene sexo la mente? (Las mujeres en los orígenes de la ciencia moderna)*, Londa Schiebinger.
80. *Excluidas y marginales (Una aproximación antropológica)*, Dolores Juliano (3.ª ed.).
81. *Más allá del hombre económico (Economía y teoría feminista)*, Marianne A. Ferber y Julie A. Nelson (eds.).
83. *Madres que trabajan (Dilemas y estrategias)*, Constanza Tobío.
84. *Veinte años de políticas de igualdad*, Judith Astelarra (2.ª ed.).
86. *Mujer y constitución normativa*, María Luisa Balaguer.
87. *La gran diferencia y sus pequeñas consecuencias... para las luchas de las mujeres*, Celia Amorós (3.ª ed.).
88. *El tecnofeminismo*, Judy Wajcman.
89. *Antropología del género (Culturas, mitos y estereotipos sexuales)*, Aurelia Martín Casares (4.ª ed.).
91. *Políticas de igualdad en España y en Europa (Afinando la mirada)*, María Bustelo y Emanuela Lombardo (eds.) (2.ª ed.).
92. *Cuando las mujeres hayan desaparecido (La eliminación de las niñas en India y Asia)*, Bénédicte Manier.
93. *Mujeres y familia en el Marruecos modernizado*, Elena H. Corrochano.
94. *Descolonizando el feminismo (teorías y prácticas desde los márgenes)*, Liliana Suárez Navaz y Rosalva Aída Hernández Castillo (eds.).
95. *La segunda brecha digital*, Cecilia Castaño (dir.).
96. *Feminismo en el mundo global*, Amelia Valcárcel (5.ª ed.).
97. *Discurso sobre la felicidad*, Madame du Châtelet (5.ª ed.).
98. *Vetas de Ilustración (Reflexiones sobre feminismo e Islam)*, Celia Amorós.
99. *El movimiento feminista en los años 70*, Carmen Martínez Ten, Purificación Gutiérrez López y Pilar González Ruiz (eds.).
101. *Madres coraje contra Franco*, Mercedes Yusta.
102. *Mujeres, salud y poder*, Carme Valls-Llobet (5.ª ed.).
103. *Masculinidades en tela de juicio (Hombres de género en el primer tercio del siglo XX)*, Nerea Aresti.

104. *Cine y género en España (Una investigación empírica)*, Fátima Arranz (dir.).
105. *Mujeres, globalización y derechos humanos*, Virginia Maquieira (ed.) (2.ª ed.).
107. *Mecanismos psíquicos del poder (Teorías sobre la sujeción)*, Judith Butler (6.ª ed.).
108. *Convertirse en madre (Etnografía del tiempo de gestación)*, Elixabete Imaz.
109. *Deseo (Una historia de la sexualidad en Europa)*, Anna Clark.
110. *Ecofeminismo para otro mundo posible*, Alicia H. Puleo, (3.ª ed.).
111. *Carta de una mujer indignada (desde el Magreb a Europa)*, Wassyla Tamzali.
112. *Género y modernización en la novela realista española*, Jo Labanyi.
113. *La mujer de los orígenes*, Claudine Cohen.
114. *Del sexo al género (Los equívocos de un concepto)*, Silvia Tubert (ed.).
115. *Las damas del liberalismo respetable (Los imaginarios sociales del feminismo liberal en España [1834-1850])*, Mónica Burguera.
116. *Antología del pensamiento feminista español: 1726-2011*, Roberta Johnson y Maite Zubiaurre (eds.); Luis F. Cuesta (col.).
117. *Feminismo en el Islam (Convergencias laicas y religiosas)*, Margot Badran.
118. *Ideas que cambian el mundo (Una mirada desde la izquierda feminista)*, Sara Berbel Sánchez, Maribel Cárdenas Jiménez y Natalia Paleo Mosquera (3.ª ed.).
120. *El siglo de las mujeres*, Victoria Camps (6.ª ed.).
121. *Cartografías del cuerpo (Biopolíticas de la ciencia y la tecnología)*, Eulalia Pérez Sedeño y Esther Ortega Arjonilla (eds.).
122. *La pantalla sexuada*, Barbara Zecchi (2.ª ed.).
123. *Las mujeres en la Gran Recesión (Políticas de austeridad, reformas estructurales y retroceso en la igualdad de género)*, Cecilia Castaño (dir.).
124. *Neoliberalismo sexual (El mito de la libre elección)*, Ana de Miguel (8.ª ed.).
125. *De la garçonne a la pin-up (Mujeres y hombres en el siglo XX)*, Mercedes Expósito García.
126. *Los excesos del género (Concepto, imagen, desnudez)*, Geneviève Fraisse.
127. *La mística de la feminidad*, Betty Friedan (3.ª ed.).
128. *La Ética Animal. ¿Una cuestión feminista?*, Angélica Velasco Sesma.
129. *Hij@s del mercado (La maternidad subrogada en un Estado Social)*, María Luisa Balaguer.
130. *El segundo sexo*, Simone de Beauvoir (9.ª ed.).
131. *Política sexual*, Kate Millett (2.ª ed.).
132. *Medio ambiente y salud (Mujeres y hombres en un mundo de nuevos riesgos)*, Carme Valls-Llobet.
133. *La lactancia materna (Política e identidad)*, Beatriz Gimeno.
134. *Ni putas Ni sumisas*, Fadela Amara (6.ª ed.).
135. *Democracia feminista*, Alicia Miyares (3.ª ed.).

136. *Mujeres indígenas en defensa de la Tierra*, Aimé Tapia González.
137. *De la Educación de las Damas*, Poulain de la Barre.
138. *Vindicación de los derechos de la mujer*, Mary Wollstonecraft.
139. *La mujer española y otros escritos*, Emilia Pardo Bazán.
140. *Empujando al patriarcado*, Cynthia Enloe.
141. *¿Quién hay en el espejo? Lo femenino en la filosofía contemporánea*, Luisa Posada Kubissa.
142. *Ahora, Feminismo (Cuestiones candentes y frentes abiertos)*, Amelia Valcárcel (4.ª ed.).
143. *De qué hablamos cuando hablamos de violación*, Sohaila Abdulali.
144. *Feminismo e Ilustración (Un seminario fundacional)*, Marta Madruga Bajo.